看見四季

玩藝術 · 品美學 · 動手解決問題
四季藝術幼兒園的教育創新之路

唐富美 & 四季藝術教育機構 —— 著
李政青 —— 書寫

成為孩子生命中的貴人

不管多麼神奇，多麼不可思議的想法，
在這裡都可以被實現，
　　　　——只要我們找到方法。

目錄

高承恕
逢甲大學董事長

專業上精益求精，理想上永遠堅持

在台灣幼兒教育界，唐富美肯定是一位代表性的人物。

我無意過度宣揚，而是就實而論。在我教過的學生裡，像她一樣好學不倦、自我要求甚高，理論與實務兼備的並不多見。數年前，富美就讀於逢甲大學 EMBA 碩士班，我有幸因而結下師生緣，了解較深。每次上課以及後來撰寫碩士論文，在在表現出她對於專業上精益求精、理想上永遠堅持的精神。

個人在教育界服務數十年，當初次親自參訪四季藝術幼兒園時，十分佩服整個學校的系統管理，老師的教導、學生的學習皆在國際水平之上，敬業樂群絕非是溢美之詞。

時值社會變遷，人口結構改變，未來無論是幼兒教育、親子關係，都將是十分關鍵的核心議題，如何實踐，需要專業更需要愛心。如今本書作者唐富美女士，將她數十年創辦幼兒教育的經驗與親子關係洞見，與大家分享並與眾人學習，實是十分寶貴。

在此特別推薦，特以為序。

何琦瑜
親子天下創辦人兼執行長

不間斷的創新腳步，幼兒教育的實驗先行者

我認識唐富美老師和四季幼兒園有十年了。一開始是受邀到學校做親職演講，我還記得那天雖然是傍晚，但四季幼兒園寬闊、優雅，富設計感和生態融合的建築，讓人第一眼就印象深刻；具藝術感的學生作品，有主題、策展型式的整合陳列，走進學校彷彿走進一所兒童創作博物館。

真正深入了解唐老師和四季，是從二〇一四年開始。

那一年，《親子天下》遠赴舊金山，報導當地中小學如何開展並看重創客教育，希望從基礎教育開始，就能孵化矽谷所要的創新精神和創業人才。當時在台灣，「創客」還是非常陌生的名詞，只有經濟部、少數創業家、科青宅男或財經媒體熟悉，和教育領域如同楚河漢界，互不相干。但《親子天下》到舊金山，卻看見創客文化和課程，在中小學被高舉看重，許多學校紛紛導入史丹佛大學發展出的「設計思考」系統，引導學生從小開始學習和練習，用創新的方式解決問題。我們熱情澎湃的做了一次封面故事，還跨國拍了紀錄片，出版了好幾本書，同時邀請了矽谷創客學校的實踐者來台灣擔任論壇講者，我們渴切的希望，透過引介國際趨勢，幫助台灣教育轉型，有更多可參考的典範。

當時沒想到，在台中的唐老師和四季藝術幼兒園，早就導入實踐了有國際水準的「創客教育」。只是她們原本參考的範本，是義大利的瑞吉歐教學法。認真好學的唐老師看完我們

的報導，覺得心有戚戚，她竟然帶著四季的教師核心團隊八人，遠赴矽谷，把我們所有採訪過的學校和相關單位，全都拜訪過一遍。回台後，即知即行的唐老師整合了瑞吉歐體系原有的藝術特色與方案教學，發展出國小部的創客課程，讓整個學校課程的發展，都有「設計思考」的核心。二〇一六年，我們引介來台灣的舊金山知名創客學校 Brightworks 創辦人 Gever Tully，特地參訪四季幼兒園，驚豔發現台灣有如此完整的結合藝術、美學的幼兒創客課程，甚至讓他想送美國老師來受訓。

即使四季目前在台中，已是個家長需要漏夜排隊的名校，這幾年來自世界各地參訪觀摩的邀約不斷，但我所認識的唐老師，仍然非常謙遜，從不間斷她的創新和學習。《親子天下》這十年來每一年都辦國際教育論壇，邀請國際講師和國內的教育創新領袖，分享世界趨勢和實踐案例。唐老師從來不缺席，不遲到早退，從早聽到晚。我最佩服唐老師的，是她為四季建構了培育師資的完整制度和系統，在本書中，她也毫不藏私的分享四季的人才成長策略。

像四季這樣課程完整、有質感又有理念，招生永遠供不應求的優質幼兒學校，中國一定有許多人捧著大把現金，請她們快速授權、投資擴校、成長賺大錢。但唐老師不受外界誘惑，她寧願選擇慢慢來，把事情做好、做對，她成立基金會，做優質的師培研習和推廣，希望培育更多好老師，裨益更多小孩。

就像二十年前，秉持著媽媽心的唐老師，為自己孩子建造了一所理想中的學校；二十年後，這份母愛開花結果，讓四季照顧了上萬名「自己的孩子」。在《看見四季》一書中，我也看見唐老師的大志和不變的初衷：出這本書，她不是要讓已經漏夜排隊的四季吸引更多家長來排隊，相反的，她希望四季藝術花了二十年實驗建造的創客教育和理念，可以被更多家長接納理解，有更多學校參考、模仿、學習，滴水穿石，改變台灣的幼兒教育。

○ ○ ○ ○ ○　專業推薦

幸曼玲

台北市立大學幼兒教育學系副教授兼系主任

沒有做不到的，只是還沒想到方法！

人要有理想很容易，但要能實現理想，卻需要持續的堅持和努力。

開始知道四季、了解四季，是二十多年前的事了。人稱「唐老師」的唐園長，在台中成立了一所以「藝術」為特色的幼兒園，採瑞吉歐方案教學。這在當時的幼教氛圍下是多不容易的一件事。

一般來說，幼兒教育總是被世俗的看法所左右。早點學注音符號，以便上小學減少挫折；早點學美語，以便洋洋得意於眾人面前……於是，幼兒園的課程與教學，總在「幼教理念」與「家長需求」間拔河，但唐老師看見了孩子，堅持了下來，建立了一個不朽的王國。

最了解她的夫婿黃文彬建築師，在書中點出了重點：「只要是她想做的，沒有做不到的。」而四季藝術的名言也是：「沒有什麼做不到的，只是還沒有想到方法！」

唐老師創建「四季」，就像是一連串「計畫、執行、檢視、行動」的問題解決歷程。在嘗試的過程中尋找資源，找到方法；在努力的過程中，挫折成為另一個待完成的目標；在成就的過程中目標持續墊高，理想也逐步成形。整個四季創建的過程，就像是一個方案的探究歷程，也像是人的生命創造過程；而唐老師就像是方案過程中，引領著大家向前的指揮家，雖然不斷建立目標，但也陪伴著團隊擦拭汗水、吞下淚水和盡情歡笑。現代的指揮家

不但要有方向，更要能傾聽，還要有識人之能，才能結合眾人力量，共同譜出一場動人心弦的交響樂。

看見四季的成長，見證四季的理念，也恭喜四季在邁向而立之年的今天，站穩腳步，持續向前。

周筱玲

元大期貨總經理

看見希望與未來的「五心級」幼兒園

我是一位金融人，平時談的多是「投資」，但我們人生的投資，除了金錢財富上的投資及自我學識專業上的投資外，想一想哪個人不想在自己孩子的身上做最好的「投資」？這種投資，我們可以換另一種說法就是「栽培」，不論從胎教到選擇學校、安排才藝，處處都是投資與栽培，栽培孩子也是投資孩子的未來，期待能許他一個美好成功幸福的人生。

在《看見四季》這本書中，就讓我看見富美的「初心」、「真心」、「愛心」、「用心」與「恆心」！富美，是大家口中的「唐老師」，不僅是我的大學室友，也在同一個服務性社團。當她還是無敵青春美少女（當然現在也是凍齡大美女）年代，她就是對美學、藝術十分有想法的才女；結婚之後，知道她為孩子辦了「四季」，原本一顆「真善美的種子」，如今花團錦簇，聞名遐邇，一路走來二十年，成績令人敬佩——

看見初心：「為孩子找間理想學校」的天下父母心，成就了全台第一家以「大自然、美學、藝術」為核心的幼兒園，得以在台灣生根萌芽，多年的經營都圍繞這個初心。

看見真心：在孩子純真的眼與心中，可以感受到老師的熱情與引領，四季讓每個「真心」與「真心」相遇結合，四季老師在孩子的童年生涯裡，開啟了解決問題的鑰匙。

看見愛心：一個熱愛藝術的「愛心」媽媽，加上一位名建築師「愛心」爸爸，兩人攜手打造了那麼特別的幼兒園，讓每個孩子都深深愛上學習；而養成學習的過程，正是孩子一輩子最好最受用的禮物。

看見用心：四季從理念、經營，課程規劃、校舍建築，處處都看見「用心」努力的痕跡。所有的困難與突破，都需要無比的熱情、智慧與信念，無怪乎「四季」能獲得各種大獎，成為海內外幼兒園的學習典範。

看見恆心：超過 20 年的堅持，不懈努力，富美及文彬兩人加上四季教師群的「恆心」，不僅讓四季發光發熱，更讓我們看見孩子的未來與希望。

深究富美創辦四季藝術幼兒園的「五心」，在在都讓我無比動容。

郭麗安

彰化師範大學輔導與諮商學系教授、台灣輔導與諮商學會理事長

為幼兒挹注前進人生的動力

認識富美已經超過三十年。她在逢甲會計系念書時來修我的課，用功專心、擅畫海報；大三時便到室內設計公司工作，大學畢業後升為設計部主任，之後轉戰至台北一家公司擔任室內設計師。之後因緣際會，富美至仲介公司任職，沒多久憑藉努力，很快就升上了主管，為提升同仁工作士氣，找我去為公司同仁講授人際技巧；之後富美進入建築事務所工作，又找我去為員工授課。從她總是為員工設計教育訓練，可窺見她對教育力量的信心，而她在不同工作崗位上也總能遇到伯樂，更可證明她對工作的投入，多麼引人注目。

婚後育有三個孩子的富美，為找尋合適的幼兒園過程費盡心思，最後決定自己辦學。一九九六年「四季藝術兒童教育機構」正式成立，三年後我兒子剛滿入學年齡時有幸進入四季，富美從此成了我兒口中的唐老師。我兒在四季一直待到小學四年級，直到四季已經無法收留他才百般不捨離去。四季的美好，與唐老師事必躬親有密切關聯，她和她的四季，豐富了我兒的童年。

我常覺得，富美不只是在辦一所幼兒園。她和規劃幼兒園硬體環境的黃文彬建築師，是在設計每位幼兒可藉以前進並轉換人生的藍圖與動力；她的殫精竭慮，也讓台灣幼教界有新的驅動力與可能性。過去三十年來，謝謝富美在成就自己的過程中，永遠為我留下一張見證她努力過程的貴賓椅；四季對台灣幼教界、對教育思維的啟發與影響力，早已獲得海內外無數專業機構的認同，但富美及其家人三十年來的努力與行動，更展示出生命的完整性從何而來。謝謝富美，和她的四季！

黎淑婷

逢甲大學建築專業學院院長

擺脫框架，幼兒也能是大膽實踐的行動者

我是一位大學老師，教的是建築，在我們的教學裡，最難的就是打破填鴨式教育的思維，讓學生觀察、提問、找到解決的方法、然後大膽創作！

在接觸過四季藝術的小朋友後，我看見幼兒在不同的學習單元裡，不論從每日接觸的食物烹飪、技術學院才會碰觸的交通工具設計、戲劇創作的道具及舞台，到認識自己居住的城市關懷地圖，四季的跨度遠遠超過一般幼兒園可能觸及的課題，有些挑戰難度，更絲毫不輸大學課程。

但不可思議的是，四季幼兒園有方法。先認識、觀察、分析，透過繪畫及模型練習操作，再一次次從失敗中找到最佳解決方式；會從市場、五金行、美術社找素材，會詢問專家解惑，會用一雙雙小手，驕傲而自信的完成任務。這些創作歷程，隨著上課內容而每年不同，但卻年年精采；不會同一套教材年年重複，沒有一模一樣的前例可循，也沒有標準答案。

是的，我們所需要的，正是這種擺脫制式框架的教育，而四季藝術幼兒園就是一處能啟發孩子心智和潛能的場所。我們常說不要讓小孩輸在起跑點，但是當我們拚命餵給孩子各種學習內容時，我們卻在不知不覺中成為讓孩子輸在起跑點的家長。

所以，讓孩子在小小年紀便學會觀察、分析，練習如何解決問題的創意吧！這會讓他們的感知更敏銳、思維更創新，對自己充滿自信與肯定，這對小小心靈的成長是無比重要！當

孩子能大膽使用各種刀具與工具，能手牽手問路人、能依循地圖自己過紅綠燈，能用自己的小腳認識城市，老師只是遠遠的在一旁觀察護衛時，孩子的能力就不只是紙上作業，而是一群年紀幼小、大膽實踐的行動者。這種勇氣，有時是連身為大人的我們都缺乏的。

曾經和富美園長分享過美國五歲的凱瑟琳·科邁爾（Katherine Commale）募款買蚊帳救非洲小孩的故事，及加拿大萊恩·西雷亞克（Ryan Hreljac）六歲那年「讓非洲的每一個人都喝上乾淨的水」的心願；這些故事的背後，都有很棒的父母及老師支持他們的夢想。

我好期待、也深深相信，四季藝術幼兒園終有一天，會培育出台灣的凱瑟琳和萊恩，小小年紀就勇敢懷有大大的夢想！

倪鳴香
政大幼教所副教授 & 所長、政大研究發展處研發長

四季，一年在春夏秋冬循環不止的三百六十五天，它充分將大自然與人文藝術涵養的元素，融入教育幼兒的每日課程作息活動裡。面對著成長中人類的幼苗，我們將可從這本書內所陳述的，它那經歷二十年之久所建構的幼兒園教育點滴裡，深刻體認到它為建設台灣的未來所努力的結晶；也讓我們知道，「四季」一詞代表的是：二十一世紀台灣優質的幼兒教育品牌。

涂妙如
輔仁大學兒童與家庭學系副教授兼系主任

認識唐富美創辦人是多年前的事了，一位充滿熱情、夢想又積極好學的母親，加上無比的堅持，成就了今日的「四季」。

「美感」是四季藝術教育機構的核心。透過主題課程，在教師與環境的支持下，孩子經由遊戲，嘗試各種可能，盡情創作，展現獨特的創意；在教師精心規劃的活動中，孩子專注的眼神散發光芒，雪亮且熱情，而且充滿著期待與各式各樣的夢想。我看見美感的種子深深栽種在孩子的心田，充滿感動！

這本書記錄了四季的開創過程。願將這份感動，透過這本書來感動更多愛孩子的人！

許士軍
逢甲大學人言講座教授

未來的世界，將是一個處處是所謂物聯網、大數據、雲端、演算法、人工智慧，以及 VI 和 AI 等似幻卻真的世界。如何培育下一代，具備可適應新時代的能力，無疑是我們艱鉅的挑戰和責任。

在台灣，我們幸有唐富美女士，以她的愛心和勇氣，建立了這所四季藝術幼兒園。在唐女士二十年的堅持和努力，以及夫婿黃文彬建築師的大力支持下，歷經風霜，終於讓我們今天看到這所具有特色、充滿活力的幼兒教育機構，枝葉茂盛，開花結果，令人衷心感到驕傲和慶幸。

翁麗芳

台北教育大學幼教系教授、中國幼稚教育學會理事長

帶小孩不易,帶別人家的小孩更不易——幼兒園必須通過建物安檢、要被評鑑課程是否合乎法令規章、要回應家長對於引領孩子潛力的期待……有些幼兒園建築華美,小孩卻玩不起來;有些場地小孩玩得痛快淋漓,識者卻心驚膽跳。幼兒園在成為小孩學習的場所之前,必須是小孩自在生活的園地。

義大利瑞吉歐的幼兒園好在哪裡?台灣幼教界向瑞吉歐取經的「四季藝術」,如何走出自己的特色?因為喜歡自然,想讓小孩在自然裡生活,親近四季更迭,所以創辦「四季」,由創辦人唐富美談起四季誕生以來的二十多年歷程,再自然不過。

四季幼兒園讓人驚豔——原來,幼兒園可以這樣辦;也讓人失措——原來,帶小孩子就是大地、陽光、雨水、空氣,還有人。有機體自然運作,「天行健」就是這麼回事!

陳淑琴

國立台中教育大學幼兒教育學系副教授

每年都有專書出版的台中市私立四季藝術教育機構,又要出書了!這次是由《親子天下》編輯以採訪報導方式,以觀察者角度深度探訪,全書以創辦人唐富美女士的創校初衷和教育理念為核心,描繪四季藝術的幼兒圖像、學校願景和使命,更以完整的方案課程,呈現四季藝術的教學成果。

小學課後安親班,則是唐創辦人教育理念的延伸,可以看見從在地文化出發的國際視野。

最後一章談四季藝術的人才管理，先從營造足以讓員工安身立命的友善工作環境做起，再依個人職涯發展階段，規劃選修式在職進修課程，促進個人與團隊專業發展，在形塑學習型組織文化的過程中，四季藝術如何提供社會性支持網絡，協助老師聰明工作、快樂生活，有效幫助教學團隊成為孩子生命中的貴人。

本人樂意將四季藝術的藝術、美學和動手做的教育創新理念和實踐成果，推薦給幼教與教育相關經營者、教保人員與家長。

陳蕙如
朝陽科技大學副教授兼師資培育中心主任

四季藝術幼兒園，名字一聽就讓人感覺如沐春風，就像台灣的四季一樣充滿著不同的色彩，深深溫暖每位接觸四季幼兒園的教師及家長的心。

創辦人唐富美女士的用心栽培，不論園中教師的專業培訓，或培育幼兒的創發潛能，種種教學活動及設計，都極盡用心的灌溉每株在園內的幼兒小樹苗。不僅細心呵護，給予這些苗圃中的小樹苗陽光、空氣、水，每位四季藝術的教師也都扮演著園丁角色，呵護、灌溉著每株苗圃中的小樹苗。四季幼兒園裡的教學氛圍，給這些幼兒足夠的創發空間，在這樣的空間中，幼兒與教師都散發著一股自由快樂的光影。

我們期待在四季變化的不同藝術中，讓這樣的美感及美妙的氣息，能延續至世世代代。

楊振昇
台中市政府教育局局長

《看見四季》一書，充分展現四季藝術教育機構創辦人唐富美女士勇於追夢、築夢與圓夢的內發動力，尤其她對幼兒教育的理想與實踐，更令人佩服！

幼兒教育是一切教育的基礎，唐老師十分重視應給予孩子動手做的機會，這與一〇八課綱所強調的探究與實作，不謀而合；唐教授也強調教師專業成長，以及校園的綠建築與美感，尤屬難得！本書內容十分豐富，非常值得關心教育者閱讀。個人有幸先睹為快，獲益良多，故樂為之序。

楊龍士
逢甲大學資深副校長

二〇一七年的黎明四季藝術幼兒園落成日，我體驗到台灣首座鑽石級幼兒園生態綠建築，也對其以藝術美學創客式的精采教學設施，印象深刻。其提供了在都市也能接觸大自然的生態學習環境，且推展在生活中玩索探究的學習模式。

此書詳述了四季藝術的教育理念及教學策略，導引小朋友從生活中發現問題，經由實做進而群體思考，尋覓解決之道；甚至在世界先進大學所推展中的主題式「構思（Conceive）、設計（Design）、實現（Implement）和運作（Operate）」的 CDIO 新趨勢，也在四季幼兒園的教學現場重現，堪稱 AI 時代培養學子具備創新、跨域整合能力的教育楷模。

▌盧美貴
▌亞洲大學幼兒教育學系講座教授兼人文社會學院院長

用 Aoki「間際」（in-between）的創客，來推薦「四季」這所擁有「東方不敗」盛譽的幼兒園，是實至名歸的。

唐富美創辦人是台灣唯一擁有兩度「教育部教學卓越金質獎」的幼兒園，擔任評審委員的我，驚豔「四季」是幼教界的奇葩；唐創辦人和其夫婿黃文彬局長，打造台灣第一所「鑽石級」綠建築和環保特優的幼兒園；「四季」是實踐藝術家駐校、教師和研究者（a/r/tography）三位「藝」體的教育典範；「間際」的概念，讓「跨領域」的思考、創新與實踐更具有創造力與豐富性的可能。

玩藝術與品美學的「跨界」學習，「四季」的專業與卓越，讓「幼教人」重新思考「教育」和「學習」的本質及其意義之所在。

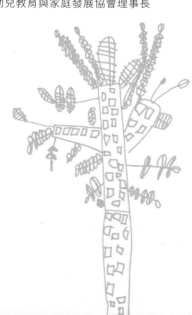

○ ○ ○ ○ ○　專業推薦

因愛而生，從愛出發

四季藝術兒童教育機構創辦人
唐富美

記得兒子上幼兒園時，有一天帶回來一隻陶土做的三角龍，爸爸稱讚他，「好棒喔，哥哥你做的三角龍很真實，好厲害！」不久，學校舉辦家長會，兒子的作品也被拿出來展覽，先生又看到了那隻三角龍，「哥哥你的作品被展覽耶！」沒想到那不是兒子的作品，放眼望去，每隻三角龍都長得一樣。我知道，身為建築師的外子沒辦法接受這樣的事情。

那時，我有位朋友在幼兒園當園長，申請到了遠赴義大利見習被美國《新聞週刊》（*Newsweek*）封為「全球十大傑出學校」、採行瑞吉歐教學法（Reggio-Emilia Approach）的幼兒園的機會。

出發前，有位隨行的教授臨時不能去，已經進修幼兒教育一年的我爭取到了遞補的機會。

初識瑞吉歐教育學校

曾被多元智能之父迦納博士譽為「全世界最好的幼兒教育」、源自於義大利的瑞吉歐，已與蒙特梭利、華德福並列，成為歐洲三大教育體系之一。

瑞吉歐主張讓孩子透過方案與藝術探索環境，表現自己的想法，所有活動都是從孩子的興趣與想法展開。不同於傳統幼兒園由老師主導課程規劃與進行，瑞吉歐的孩子在課程計畫中扮演主動積極

的角色，所見、所聞、所思、所感都盡情顯現在藝術創意的經驗上，而成人則是透過這樣的藝術活動來了解兒童。

在見習的十幾天當中，我親眼目睹了這個由市政府支持、風格獨特且不斷創新的教育系統，帶給孩子驚人的學習成果。藝術教室裡除了創作素材，還有一個小實驗室，孩子們利用腳踏車的輪子、雨傘等零件，測試水車怎麼做，看看水可以噴多高、多遠，過程充滿科學性與藝術元素，好像看到我在大學建築系旁聽基本設計課的情景重現，可是他們只是四、五歲的孩子。

眼前景象太令我震驚，於是忍不住想，

如果有一個地方能讓孩子從小接觸藝術，培養對環境的敏感度，養成動手做的能力，那該有多好。尤其，在動手做的過程中，孩子會不斷面對挫折、設法找出解決困難的方式，這件事情實在太重要了。

回程在飛機上，我愈想愈興奮，告訴自己：「我要找一所這樣的學校給孩子讀，如果沒有，就自己辦一所！」

回首來時，不忘初心

從義大利回來，我開始拜訪台中的幼兒園，竟然沒有一所採用瑞吉歐教學法。為了孩子珍貴的童年學習，我決定自己

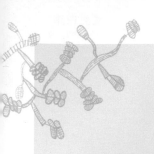

來辦一所具有瑞吉歐精神的幼兒園。

好在外子、建築師黃文彬也支持這樣的念頭。他是在宜蘭長大的庄腳囝仔，完全理解我的心意，也想把孕育自己豐趣童年的大自然，還給城市裡的孩子。這時，他的建築師事務所成立四年了，一切漸入佳境。尋尋覓覓，憑著事務所累積的一點資金，加上貸款，我們在台中市大墩路與大墩十二街轉角租下一塊三百坪左右的地，動手蓋起自己理想中的學校。

二十多年後的今天，當年那個引領媽媽走入幼兒教育的小男孩長大了，目前在美國柏克萊大學研究所就讀，愛藝術也玩設計，還跨領域到資訊管理，有顆關懷善解的心。當年跟他一起入學、被認為是過動兒的弟弟，也從昆士蘭大學研究所畢業，目前在澳洲擔任美語教師，深受學生歡迎的模樣，是四季藝術開放式教學的寬容和多元發展給孩子的機會。而我，也從踽踽獨行到發展成擁有五間學校、一個教育基金會、一家出版社的規模。每天，三百八十多位並肩同行的夥伴，全心陪伴兩千五百個孩子快樂學習、成長，留下深刻的足跡。

當初只是懷抱著「想為孩子找間理想學校」的天下父母心，沒想到，這樣的渴望竟成了我們堅持與投入的最大力量。

超過二十年的堅持，四季藝術獲得無數肯定，成為台灣唯一兩度獲頒教育部教學卓越金質獎的幼兒園，連課綱審查委員都特地組團前來參觀。獨特且完整的藝術方案課程甚獲學界重視，校內老師每年都到國內外相關研討會發表論文，

美國、日本、新加坡、香港、馬來西亞、上海、南京等海外幼教團體也多次到訪。

美國賓州州立大學藝術教育研究所榮譽教授威爾森（Brent Wilson），前後來了三次，驚嘆的說：「全世界所有的學校都應該跟四季藝術幼兒園一樣。」後來，威爾森還帶著四季藝術的教學成果，在西班牙舉辦的教育年會中分享。2011 年，連美國瑞吉歐理論的重量級學者紐伊（Rebecca S. New）都聞風而來，驚訝四季藝術的教學表現。

追求卓越沒有止境

外人看來很好的成績，我和夥伴們並不以此滿足。我們真正在意的是：對幼兒園的孩子而言，學校是他們與社會正式互動的第一個環境，它是真正令人期待的嗎？是否擁有溫暖的雙手與真誠的接納？對孩子而言，它該是有趣而充滿驚喜的遊戲花園，還是一個枯燥而乏味的教室？

我們認為：孩子需要一個可以隨時準備出發的地方，讓他們能在好奇心的引導下，透過成人的協助，飛向更廣大的世界。所以我們不斷思考：在這裡，究竟有多少的學習機會，提供孩子真正自由成長的幫助？陪伴孩子的教師究竟如何看待「學習」，學校又該如何激勵教師們不斷的自我成長？

「走過，路就在」在台灣中部大肚山下，我們就這樣堅定而執著地走著。走過二十多個春夏秋冬，走過無數心愛孩子的美麗童年。我們慢慢看見，堅持走

在一條路上，就會走出自己的未來。

因此每一位新夥伴進來，我們都會提醒：不要小看自己的能力，我們是一群寫歷史的人；老師，是一個生命影響另一個生命的偉大職業，我們要成為孩子生命中的貴人。

四季藝術的很多做法在幼教界都是創舉，只要是對孩子好、對老師好的，我們都願意來做。我還記得，有一次教育部課綱團隊總召幸曼玲教授來輔導我們的新課綱課程，討論到四季藝術教學研究和教師專業發展的某些做法，幸教授直接告訴我們：「這樣做太難了！」我的回答是：「就是難才需要做！因為把難的事做出來，才能快速幫助新任及資淺老師的典範學習和專業成長，孩子教育品質的均質才有機會被實現！」所

以，很多人問我，為什麼能夠這樣持續二十多年？我的回答始終是：「在教育改革的路上，只要起步就是開始！雖然我不知道自己可以做到多少，但是沒有做怎麼知道究竟行不行？」

台灣是個很小的島國，過去全台灣最聰明、最厲害的人都在竹科，每天用他們的青春歲月來補貼全世界，只因為我們做的是代工。但是我相信每一個孩子都可以透過創意思考和動手做的學習，不只培養勇氣與意志力，也能擁有美學和設計力！我相信我們能改變——改變台灣、改變孩子的未來。

當初為孩子所創辦的學校，
至今也成為無數幼兒最初夢想的園地。

1

孩子，
我該給你什麼樣的童年？

對幼兒園的孩子而言，
學校，該是一個充滿驚喜的遊戲花園，
還是枯燥乏味的教室？

必須在城市中長大的孩子，該在什麼樣的環境裡，
度過一生只有一次的童年？

親手打造一所理想的學校

位於台中南屯區林新醫院附近，雙線道的大墩十一街，緊接著巷道相鄰的幾棟「四季藝術」綠白相間建築，靜靜矗立。

在少子化的今天，這所幼兒園已打造出許多令人驚艷的成績：長年來靠著經年累月的好口碑，讓家長搶著爭取入學名額的幼兒園；是國內唯一連續多年獲得教育部教學金質獎的幼兒園；是眾多幼教學者與工作者提到「方案教學」腦中就會浮出的名字；近年更儼然成為兩岸三地幼教工作者造訪取經，甚至連美國的教育學者都大開眼界、連連稱讚的幼教創新基地。

然而若回到二十年前的草創之初，創辦人唐富美站在一片荒蕪的大墩校空地，其實心中所迴繞的只是一位母親最微小的盼望：必須在城市裡長大的孩子，該在什麼樣的校園與環境裡，度過一生只有一次的童年？

唐富美回想起自己的經驗，放學回家路上總要經過種滿各式花草樹木的院落，在綠蔭曲折的小巷弄，偷摘低垂的楊桃、撿拾幾朵清香的雞蛋花，在滿樹金黃的阿勃勒林間追逐。還有幾間雜草叢生、荒廢破敗如鬼屋的大宅邸，被孩子們視為探險樂園，裝鬼、嬉鬧、比誰爬樹爬得高。這些布滿大自然痕跡的都市角落，成為童年最深刻的記憶，甚至是未來思考、想像與創作的重要養分。

這樣的想法與源自義大利的瑞吉歐教育不謀而合。瑞吉歐主張，幼兒對於周遭空間的光線、色彩、味覺、觸覺有著很高的知覺敏銳度，視環境為兒童的「第三位老師」，重視環境的自然和諧，鼓勵孩子多接觸大自然。許多課程都跟環境有關，相信孩子在多植物、多鏡面、陽光充足的地方活動，情緒會更穩定。

讓孩子感受自然的美與力

因此多年來，四季藝術每開創一所新校區的初始，都是帶著「讓大自然貼近孩子生活」的想法，融入校園裡的每一處建築設計，期盼孩子透過接觸周遭景觀的經驗，豐富對生命的感覺。

1996 年 6 月，四季藝術的第一間學校落成。兩層樓的白色建築退隱在大片青草地之後，遠離主要街道。面對馬路的圍牆旁種了成排大樹，帶來綠蔭又阻隔噪音。每間教室面積約 28 坪，平均每個孩子享有面積約 0.8 坪，較一般幼兒園多出一倍的空間，以利開放式教學多元學習空間的規劃；教室內設有六大學習區，幫助

「讓大自然貼近孩子生活」的想法，
融入四季校園裡的每一處建築設計，豐富孩子對生命的感覺。

孩子培養各項潛能；每間教室都有獨立衛浴方便訓練孩子的獨立性；幼幼班教室緊鄰辦公室，並設有自己的小庭院，增加戶外活動的安全。

四季藝術的校園建築師、也是現任台中市都市發展局局長黃文彬，從小在宜蘭鄉下長大，完全理解陽光、空氣、水對都市裡的孩子非常重要，「鄉下很多田、溪流、圳溝，可以去摸蛤仔、灌肚猴，有很多好玩的機會，但都市小朋友每天穿鞋子踩在水泥地上面，幾乎沒有學習的空間。」為了打造充滿陽光的校園，黃文彬把台中偏東南走向的太陽方位列入考量，好讓孩子能夠晒到太陽、踩到草地。

建築物坐南朝北，戶外草地位於南方，孩子們能在陽光充足的綠草上遊戲、聞草香、看蚯蚓。以原木搭建而成的扇形展演平台適用於各種表演活動。環繞草坪靠牆的地方設計成一個長滿各式植栽的 S 型水池，以卵石質感模擬蜿蜒溪水，提供孩子們玩水嬉戲的場域。菜圃區讓孩子種菜，觀察生命的奧妙。周遭有許多可以訓練孩子感覺統合的遊具，如鞦韆、沙坑。幾棵黑板木上甚至搭造著原木樹屋；草坪另一側的建築量體有一排圓形拱廊，當陽光隨時間變化，圓拱隨之倒映在地上呈現光影的變幻，雕刻感自然而生，使建築與時間、空間結合。

黃文彬喜歡在孩子的活動空間中留下幾面大大的白牆。創校初期孩子少，加上偌大的白牆，冷颼颼的空盪感極難避免。但孩子生活的幼兒園環境，本該就是一個有機體，特意的留白其實是一種等待：等待孩子們的學習，等待孩子們的成長，等待孩子們創作精采的作品。

在愛與支持下安心成長

終於開學了，校門初啟，小小孩來上學。一雙雙忙碌的小腳奔進校園，招呼聲、擊掌聲，還有不斷的歡呼聲，快樂的情緒蔓延，安靜的校園就這樣沸騰了起來。

但是還有許多小手緊握在爸媽的手上，把臉貼在大人身後，躲躲藏藏。「來玩嘛！」孩子晶亮的眼睛裡掩不住興奮，慢慢的，那些淚汪汪的小小臉龐就在這童稚的聲聲呼喚，以及老師耐心的招呼中，慢慢探了出來。

不論開懷大笑，還是低聲哭泣，都是小小孩學習的第一步。這些開始探索生命的小小孩，將在這充滿鳥語花香的美麗校園中、在老師的愛與支持下，與豐富有趣的遊戲和學習為伴，開啟童年裡許許多多的第一次。

從校園每個角落向外望去,都能感受到充足的陽光、盎然的綠意,這是黃文彬建築師為台中這座都市裡的孩子所打造的大自然學校。

「校園即是自然」的環境,同時也是孩子探索美感藝術的最佳體驗空間。

把大自然和愛都裝進來

對孩子來說，每天所接觸的環境充滿各種由老師、父母、社會所賦予的訊息，一點一滴的形塑著孩子觀看世界的角度。

四季藝術創辦人唐富美很難忘記小學高年級的班導莊老師，讓她的學習歷程起了大變化。每天，莊老師總是以數學課展開一天的學習。一上課，老師就打開教室大門，帶著孩子跑到操場盪鞦韆、吊單槓、攀爬大球。在應該專注上課的晨光，偌大校園，只有瘋狂的他們橫衝直撞，玩得不亦樂乎！回到班上一坐定，孩子立刻恢復安靜，投入學習。

這樣的做法，並未降低班上的學習成效，突飛猛進的數學成績，讓班上順利爭取到成為科學實驗班的機會。教室窗邊，搬來一個個水族箱，每天都有觀察實驗、記錄操作，每週固定魚缸清洗、換水，以及不定時參觀團體的教學觀摩和示範，學習開始變得不一樣。

有一天，莊老師興奮的大聲宣布：「學校要蓋一個小小的動物園！」從此，班上不只攬下照顧小動物的責任，連學校的魚池也要定期清潔打掃。三、四十個小學生在別人輕鬆上課的時間，得脫下鞋子，把魚池中的魚、水草和一部分的水裝進水桶，用水管抽出汙水，然後再趴在魚池裡刷洗，直到還給小魚一個清澈乾淨的魚池為止。

「我不知道在那樣保守純樸的學校，莊老師如何讓師長接納我們這班近乎瘋狂的學習生活？我也不知道，為了讓我們有這麼多實際操作和學習的機會，他在背後要付出多少的準備工作和精力？我只知道自己每天是多麼快樂的去上學。」活潑好動的小學生，在照顧小動物的過程中累積了耐性，知道小動物的需求；在清洗魚池的過程中，學會有效率的合作分工。在學校的日子雖然緊湊忙碌，卻個個都保持了好成績，對學習充滿好奇與渴望。

至今，唐富美想起那段時光，仍然難掩興奮，也讓她對於校園的規劃有了更強烈的信念。

從孩子角度思考的建築設計

捨棄幼兒園常見的卡通圖像裝飾，不做過於固著華麗的視覺包裝，建築成為孩子與大自然的中介。園區處處可見大量樹木與綠地，引進溫煦的陽光、和風與雨水，真實呈現自然界的物理現象與光影，讓孩子感受季節變化與萬物的生息，在每個角落都能感受陽光與愛。

「瑞吉歐是一個全人格的教育概念，把小朋友當作成人一樣跟他討論，」建築師黃文彬解釋，「把他當作人就不是每次都用城堡吸引他，那個型態會僵化，公主王子住在城堡裡面過著幸福快樂的日子，然後呢？很多東西是可以在過程中去創造、思考、改變的。」

瑞吉歐對環境的重視也和黃文彬的建築理念不謀而合，他指出：「建築強調的是一種環境關係。」為了冬暖夏涼，南邊要開大窗戶引進南風，北邊關小窗阻擋北風。植栽適合種在西邊，一方面晒得到太陽，又可阻擋建築物西晒。除了堅持遊戲場要有陽光、教室要夠大、通風採光都要好，也要有遮陽跟光影的效果之外，在安全上也要周全考量。

放眼校區，樑柱都是圓柱子，避免小朋友的活動空間有太多的銳角、死角，開放式樓梯、單走廊的設計，都是要讓孩子能夠看到外面，從外面也看得到裡面，視覺上都是穿透的，不會讓小朋友受限於身高就看不出去，隨時都能看到校園中的綠樹，對視力是有幫助的。

為了讓師生享有更好的就學與工作環境，提升美感教育，唐富美總是不惜成本的持續改造、更新設備或是建築體。「學校可以有歷史，但是依然要保持青春美麗，千萬不能等家長感覺到學校老舊時才去更新，要在家長還沒有這種感受的時候，就提早做好這件事，讓孩子在持續美好的環境裡面，有更多美感的體驗跟學習。」四季藝術的總務長楊彭琳說起創辦人總是這樣提點大家，讓人不得不佩服她的魄力與遠見。

真實接觸，理解生命間的相處

為了讓生活在水泥叢林的都市孩子，在日常仍有與小生物有真實接觸的機會，四季藝術的老師發展了一系列生物與生命的主題學習，希望孩子在與小生物接觸的時候，不只是促狹的捕捉與戲弄，更能懷抱著愛、關懷與尊重。

經過反覆的討論，老師們決定捨棄速食化的餵養方式，而是找出小生物真正的食物來源；不把小生物豢養在寵物籠或飼養箱，而是儘量讓牠們在自然的校園環境中存活下來。這樣的做法，不僅讓孩子理解生命之間的相處與對待，也能發掘校園的環境生態問題，並且採取行動。

隨著孩子們對小生物一步步展開探索，校園既有環境也歷經了嚴苛的檢視。孩子、老師、家長都動了起來，尋找更多樣的食草種類、換植更多元的蜜源植物、改善網室的環境、改採真正環保無毒的校園消毒模式，最後乾脆大工程的在北屯

校三樓增加光照充足的空中花園，將西屯校
水池重新改造成荷花、水草、青蛙、烏龜都
開心共處的生態池，也方便孩子親手照顧。

經歷了那一整年的季節更迭與主題變化，整
個校園蛻變成為無形的大網室。掛滿毛毛蟲
的馬利筋田、孩子身邊飛舞的蝴蝶、在草叢
費力跳的蚱蜢、傍晚唱不停的蟋蟀，還有會
聽人呼喚的小烏龜，這些小生命成了校園不
可或缺的一份子。

在四季藝術的校園，空間是一種可以用各個
感官來閱讀、溝通與探索的無形語言。

1　2
3　4

1、2 大樹下、灌木旁、小河邊,都是孩子與老師日常的探險基地。豐富的植栽環繞在生活空間裡,提供孩子最真實的自然觀察經驗。

3 校園的牆面、柱子、樓梯轉角等留白處,隨時都等待著孩子的創作加入。

4 與小生物的互動體驗,將能培養孩子對於生命的認識與愛護。

因夢想而生的綠建築校園

2016 年，四季藝術著手籌設第五所校園「黎明校」。

一方面要延續四季藝術創校的建築元素，包括色彩、材質、建築語彙等，也希望新的校園要有所創新，在工法、空間、品味上面提升。因應地球暖化問題逐漸影響到人類的生活，綠建築已經是時代趨勢，也是建築設計的顯學，黃文彬建築師決定在新的校園規劃上強化環境生態的觀念。

雨水回收系統落實了水資源保育、太陽能集熱板響應了綠能概念電力、LED 照明與風扇則做到環保節能，更訴求自然採光與通風設計，每一個樓層都設有景觀植栽，地下室也有好通風及照明，提升節能的空間品質。

「我利用陽光來造景，讓建築物與自然環境結合在一起，」建築師黃文彬希望讓生活其中的孩子感到明亮、開闊、舒適，在與環境的互動中，學會愛自己、愛萬物、愛地球。

/ 文彬建築師事務所提供

第一所榮獲「鑽石級」綠建築標章認證的幼兒園

2017 年黎明校落成，成為第一所榮獲台灣 EEWH「鑽石級」綠建築標章認證的幼兒校園。

黎明校建築的每一個層樓，都設置了層次豐富的大面積景觀花園，建築師運用樓板層退的設計方式，將植物所需要陽光照射的露台、頂板巧妙地層層退縮，讓每個花園露台都有充分的陽光照射跟露水甘霖。花園裡種了許多引蝶的蜜源植物，並且顛覆傳統樓板使用花台覆土的做法，運用基盤垂直綠化、降板的設計工法，將地坪配合要種樹植栽的位置向下降板，往下凹約 50 公分以上的深度來施做防水板、不織布、礫石層及客土植栽，讓植物從地坪直接種起來，以兒童的視角來看，就像植物直接種在土地的效果一般，不管草花還是灌木，都像是種在庭園一樣自然的感覺。

這樣的降板工法，要做排水、防水，要做滴灌、噴淋，讓整個花園植栽有陽光、有水、有覆土，這樣的技術、維護，工法成本是比較高的，但是這種自然的情境，當孩子從教室的窗戶望出來，可以看見充滿自然生態的植物和飛來飛去的蝴蝶；走近教室外面的走道時，又能親身體驗和接觸，既自然又真實的生活學習環境，這種意境與價值，是無法以成本來考慮的。

這份用心，也獲得了台中市都市空間設計大獎的青睞。評審委員特別對四季藝術黎明校在景觀綠化上，運用基盤垂直綠化、降板的用心，印象深刻。

這座高品質、低耗能的綠建築校園，將景觀綠化立體延伸到各樓層、各面向，一共種植了 99 棵大小喬木與大面積灌木、植栽。從建築外觀、戶外庭園到教學空間，在在讓人感受到創新的生命力與人文氣息。

1 │ 2 3

1 降板工法的施作，讓二、三樓花園露台的植物看起來就像從土地長出來的一樣，
提供孩子最零距離的視覺感受。

2、3 建築裡大面積的自然採光，不僅降低了室內照明的需求和耗能，同時也增加空間
的穿透性。而隨著一整天的光影變化與映照下，孩子的創作作品有時也會驚喜的
出現在不同的角落。

豐富的空間，讓想像飛

陽光舞台上，大巨人彩色的身體被高高的掛了起來，連接著巨人的手和腳，是一條條長而扎實的線，孩子們正努力合作的拉著，試圖改變巨人的姿勢。隨著孩子們用力的拉扯，大巨人的手開始揮舞了起來，瘦長的雙腳也彷彿裝上了電池，快樂的跳起舞來。

邁入長廊，右側的主題牆上，用力跑步的人體赫然在望。屬於心臟的位置，幾個小小的時鐘正滴答作響走得起勁。陪伴在旁的圖片中，各式各樣的感官表情，千變萬化的肢體動作，加上簡要而關鍵的文字說明，讓每一個經過的孩子和家長都忍不住要停下來駐足觀賞。

左側的主題櫥窗，總是明亮豐富的玻璃下方突然失去了光彩，墨黑的卡典西德掩蓋了原本的透明；小小的耳機從貼著耳朵的位置露了出來，悅耳的音樂就這樣悄悄的流洩而下。而漆黑的色彩中，幾個神秘的眼睛透露出細微的光影；這些看似微弱的光源，卻像有著強大的吸引力，總是讓孩子們將眼睛緊貼著洞口，不住的向內張望。沒想到小小的櫥窗內展現的竟然是一個豐富精采的視覺體驗空間！

展現孩子們創意想像與深入學習內涵的作品牆，貼滿了對身體的探索理解與建構，還有許多令人驚喜的創意與想像。而大門旁運動中的小人偶，小小的木頭身軀也在櫥窗中盡情的展現肢體，手舞足蹈的模樣正告訴我們，這是關於身體的主題。

博物館式情境，打開多元視角

在四季藝術的教育理念中，孩子的學習環境非常重要，好的環境不僅啟發幼兒的好奇心與審美觀，還可以引導孩子探索周圍的世界。

四季藝術校園中經常可見的展示空間，各有不同功能與意義。作品牆能幫助成人理解孩子在主題中的學習表現，進一步理解孩子的想法。藉由作品的展示，孩子也能回顧自己的學習歷程，感到被肯定，同時也相互觀摩他人的作品，學習尊重與肯定他人。

藉由作品的展示，孩子除了肯定自我、
回顧自己的學習歷程外，也相互觀摩同
學的作品，學習尊重與肯定他人。

主題牆的觀眾包括了老師、家長與幼兒，除了宣示主題正式開始，牆面的訊息與
文字，有助於讓觀者回溯自己與主題的相關經驗，思考子議題，並暗示老師和家
長還有哪些可以與孩子交流、討論的想法。當中的互動裝置或遊戲，可讓孩子操
作，開啟對於主題的多元視野。

實物展示櫥窗是幼兒經驗交流的平台，展示的物品隨著主題更換，校園中的每一
個人都能從中得知正在進行的活動與教學主題。

校園情境的營造最重要的目的在於激發幼兒思考，讓各種視覺圖像、生活化的素
材，以不同的方式開啟孩子不同的閱讀視窗。讓孩子從不同情境中獲得不同資
訊，提高探索能力，建構屬於自己的視覺邏輯。北屯校藝術組長陳怡君解釋：「這
個環境的氛圍，可以刺激孩子感官與思考。」

在駐校藝術老師們的努力下，各種面向的議題經由藝術的表現形式加以整合。首
先，駐校藝術老師提出一組想法，與教學組教師群討論，過濾、釐清出適合的情
境元素，以「博物館式的概念」做為接下來的規劃思考要點。

為了因應不同年齡層的參觀者，展覽本身與作品需要有對應不同需求的展出層次與方式。面對校園中教師、家長、幼兒三大主要觀眾群，情境的營造也要從跨領域的角度來想。將各領域的子議題透過藝術的方式整合，化為符合幼兒認知的視覺角度，情境中的不同訊息將打開孩子多元思考的路徑，引發互動。情境本身也將因為透過不同人的詮釋與分享，而變得豐富。

在這樣的過程中，孩子不斷組織訊息、建構想法，並與他人分享與互動。空白的牆面，開始有了生命，隨著不同的季節與學習主題，展現它驚人的豐富與美麗。

右 / 跟隨著主題悄悄變化的校園情境，是孩子每每一進校門便流連忘返的探索空間。多元的互動遊戲、豐富的感官體驗，持續激發孩子對於主題議題的思考。

○ ○ ○ ○ ○　融入環境教育的幼兒園建築

人物專訪

融入環境教育的幼兒園建築

建築師、逢甲大學建築專業學院兼任教授
黃文彬

我是宜蘭人，宜蘭的環境就是好山好水。所以在設想幼兒園的規劃時，希望這個環境能夠晒到太陽、能夠踩到草地，在小朋友的感受裡是充滿陽光、自然的地方。

如果說為了經營的關係，把草地變成水泥，把天空變成採光罩，那可能不是我們想要的。因此我們有幾個策略，就是每間教室要大一點，要有戶外的庭園，戶外庭園要有樹、要有草地、要有水的遊戲場。

唐老師那時提出了混齡教學，中大班混齡，甚至三個年齡層在同一班，因為那時的家庭普遍都是只有一個、兩個小孩，所以用混齡的方式，一方面可以讓教室大一點，也可以進行混齡教學，讓小朋友在學習的時候，有機會體驗帶領或被帶領。後來決定採用方案教學的概念，像大學設計課一樣的方式，室內空間裡面會需要有一個團體討論區，以及六個可以讓孩子自主操作深入研究學習的角落學習區。角落學習區比較大的空間會是藝術教學的區域，地板要耐髒止滑、會有水槽、很多置放工具、畫具的櫥櫃，所以空間相對大。

此外，我們也設法讓辦公室是獨立空間，每間教室都要有陽光，日照從南邊晒到走廊，但是教室裡面會有遮陽設施或藉走廊擋掉陽光，讓陽光晒到建築物的同時，該擋的地方也擋掉了，不會直接晒到太陽，還多出了光影，日照透過走廊的形態呈現不同變化。

我們常在遊戲場裡的陽光舞台辦音樂會、辦小朋友的畫展，遊樂設施雖然不大但一應俱全，儘量讓空間被多重利用。整體空間的感覺還滿溫馨親切的，尺度雖然不是很大，但裡面的每個人都很有能量。

把環境教育概念加進來

我們還建立了一個彩色系統，主要是白色，搭配綠色、橘色。當時的想法是，學校的環境是比較重視環境教育的概念，背景彩度不宜太高。此外，我們希望這個房子是從地上長起來的，所以有面綠色拱牆，就是像稻穗一樣的造型，背景主要是以白色為主，加上一些高彩度的橘色點綴，所以這個建築物就有了生命力、豐富感，這是第一間學校大墩校的理念原型。

市政校還是用同樣的方式，我們找到一個角地做為遊戲場，上面有大的樹木、有草地，讓小朋友可以跑圈圈，有感覺統合的遊樂設施，有樹蔭，每間教室都有角落學習區、團體討論區、午睡的空間，有小班和中大混齡班。走廊光線明亮，樓梯能夠看到戶外，風可以進去。大墩校沒有太大的室內活動場，下雨的時候就很辛苦，因此市政校多了一個室內遊戲場，補足在下雨天能使用的活動空間，而不是選擇把戶外空間搭上採光罩的常見做法。

西屯校的基地相對大些，遊戲場空間就更豐富多元，那時的設計原則還是堅持要有充滿陽光的遊戲場、教室夠大、有通風採光、也要有遮陽跟光影的效果……。這個階段引進了圓柱子的概念，減少空間中的銳角、死角，樓梯、走廊視覺上都要是通透的，從裡面能看到外面、在外面要能夠看到裡面。不管是人也好、空間也好，都能夠有這樣的自明性。欄杆高度的設計，小朋友在視覺能夠穿透出去，可以看到上下，不要讓小朋友眼睛的高度就看不出去，對視力會有不良影響。雖然下雨天會有一點潑雨，但台中是個陽光城市，下雨的機率並不是太多。

2016 年，我們決定開辦黎明校，希望對環境、對生態的觀念可以再更強化一點。除了前面提到的戶外空間、遊戲場，顏色的用法，對物理環境、對光線的需求，希望再增加一點對生態、對節能的責任感。所以我們就設定每個樓層都要有植栽，包括地下室，以爭取更好的節能品質。

基於我們的設計理念、對空間環境的嚴密思考與規劃，我們成功通過綠建築指標的嚴格規範，取得綠建築鑽石級的認證，成為台灣第一所被認證鑽石級的幼兒園。

不斷在工法、空間、品味上創新

每個學校的基地大小不一，有寬有扁，有的是角地、有的是兩面路，這是我們土地擇址的基本策略，每個環境都有不同的關係，不能用同一個模式來做，需要因地制宜。

一方面我們要統整四季藝術創校的元素，把顏色、調性、風格延續下去。然而，每所學校在不同時間、不同地點都有其獨特的在地性，守住傳統的同時，也要在工法、空間、在品味上不斷提升、創新。

例如，幼兒園中凡是綠色材料，我們都用相對低汙染的塗料，不過這類塗料被陽光照射或是雨水噴淋後，光澤質感上會有差異，於是我們在黎明校又改變不同的材料，改用小口馬賽克、小口磁磚，厚度比一般馬賽克要來得厚，大小也比一般馬賽克略大，所以鑲嵌到牆壁裡面的深度夠，不會剝落，它的光澤是透過高溫燒出來的，不會因為陽光、雨水而褪色。這就是經歷了材料、預算、顏色的考量後做出的改變，但精神是一樣的，只會更好。

2018 年，黎明校榮獲台中市都市空間設計大獎的殊榮，評審委員特別提到黎明校在景觀綠化上，運用基盤垂直綠化降板的用心。

當初的起心動念，是希望在不同樓層都能有植栽，讓小朋友隨時都能看到植栽。但我又不希望採用花台的做法，擋住小朋友的視線也不自然，那麼就採用降板構造。因為降板必須要做好排水、防水，還要做滴灌、噴淋，讓植栽有陽光、有水、有覆土，工法難度及成本是比較高的，但視覺上是貼近自然的，也符合永續精神。這樣的概念得到了評審們的肯定。

這樣的過程對我來說，都是一種自我檢視：所做的東西是不是真正適合學校的使用？一般建築師房子蓋好了就沒事了，我們的建築團隊一直在思考這樣做

究竟好不好？完工後仍繼續評估哪裡做得不好，怎麼樣改善可以更好？為了做到更好，我們有使用後評估 (post-occupancy evaluation, POE)，了解哪裡做得不夠。

黎明校還沒有完工前，四季老師就先進駐，對空間的利用與使用上回饋許多意見，例如我們最後做了一個給老師或司機叔叔可以淋浴的地方，讓空間有了更多一點的人性做法。老師們也在細部的施作、室內裝修機能、空間顏色視覺拼貼，材料選擇上面提供使用意見，讓結果更有趣豐富。

我覺得這是跟學校合作的極佳模式，很多學校可能都沒辦法這樣子做。四季藝術願意跟老師分享或是共同成就一件事，我覺得這是跟其他學校不一樣的。

這個對空間的想法，也跟四季藝術的教育風格一樣：持續探索不同的方式，找出更好的教育方法。

以教育典範的模式成為台灣亮點

唐老師很重視美感，她會為自己設計居住的空間，很有個人特色。我們認識的時候，我還在念大四，老師曾經出了一個題目，要我們找一個人對談設計想法。我請唐老師分享她的居家設計概念，然後把它放進學期報告。結果老師說寫得很精采，跟你對談的人也很有sense。那份報告的成績非常好，老師也對我留下深刻印象。

唐老師在大學時候，就經常跟建築系的學生、老師互動，也在系裡學過基本設計。在建築師事務所幫忙的時候，經常挑戰自己的能力，做出從來不曾做過的

事情，並且都能做得很好。只要是她想做的，沒有做不到的。所以她在四季有句名言：四季藝術沒有什麼做不到的，只是還沒有想到方法！我想這句話裡有很多唐老師為人處世的原則：只要是對的，就努力去做。有時候我們覺得這樣就好了，她會覺得這樣不行、要做就做好一點，錢不夠再來想辦法，總是從正面的角度去看待每一件事。

我感到幸運，可以跟她一起走人生的路程，共同學習、成長。爭執當然難免，但我們都清楚對方是想讓事情更好。觀念不一樣的時候，就換個角度去思考，站在對方的專業或立場來討論跟溝通。

我覺得唐老師是令人尊敬的創辦人，對於自己想要達到的目標，她會非常堅持，這是四季藝術成為全世界知名的學習環境的關鍵。我常想，四季藝術幼兒園可說是一種「大學式幼兒園」，這樣的系統、教學模式已經變成典範，為什麼它可以帶領這麼多老師一起走了二十多年？為什麼別人難以複製？我覺得這是滿值得探討的。

瑞吉歐教學模式在義大利的發源學校，現在已經變成世界知名的教育園區，很多論述被散播出來。若有機會，台中也有一個「四季藝術」成為台灣幼兒教育的典範，可以讓全世界對教育有期待的專業者或是一般民眾，來到台灣、來到台中，看四季藝術的教育成果，我覺得是指日可待的。

期待台中以四季藝術為榮，除了文化、觀光之外，以教育典範的方式變成台中、台灣的亮點。

以綠建築為概念的學校主體，
自然地融入綠化的環境中，成為自土地生長出來的建築。

2

做為孩子生命中的第一所學校

我們真心期許四季，能成為孩子生命中的貴人。

透過開放式教學與統整性創意課程，重新定義學習方式，
不僅能成為生活各項挑戰的問題解決者，
更能帶著堅強、勇敢、大膽、開放的心，擁抱全世界。

以孩子為主體的教學

傳統的分科教學缺乏連貫性、銜接性，學習者僅能從中獲取零碎的知識，以及片段的學習經驗，愈來愈無法應付快速變動的時代。近年來，學者普遍認為強調整合的「統整課程」，才能激發孩子自主學習、生活統整的能力。

四季藝術幼兒園的教學模式，一直以幼兒為主體的統整式主題方案教學為課程發展方向。瑞吉歐不會事先擬定主題，但四季藝術有。因為四季藝術認為，主題式的方案教學可以涵括孩子更多元面向的學習。從觀察孩子的興趣和需求開始，也從看見城市孩子的缺乏和困境著手，讓方案探究的學習為孩子帶來深度體驗的機會，以及豐富生活經驗的起點。

因為看見孩子對身邊小生物的不當對待，四季的老師便帶著孩子走向小生物主題的探索，孩子因為接觸、照顧小生物，而對小生物開始有了責任的承擔，開始在乎生命，進而珍惜生命。因為在乎小生物的生長環境，進而動手改善，這樣接觸生命、感受生命的教育歷程對城市孩子而言是珍貴的。

另外，因為發現家長和老師們有將近80%都不是在地的台中人，對於台中的城市和社區並不熟悉，促使老師們帶著孩子親自用腳走、搭公車，探索生長的城市，了解社區環境的在地文化和生活。孩子因為接觸而了解，因了解而開始關心周遭的人事物，不管是發起「多多搭公車」的活動，或是認養老樹擔任照顧義工，甚至因為經歷迷路的過程而學會看路牌、看門牌、問路人。各班在相同主題的面向下，因著孩子興趣、需求或資源的不同，而走出不一樣的研究方向，並且在每一次面對探究所產生的困難中，有機會面對問題與挫折，培養出解決問題的勇氣。因此，雖然與瑞吉歐一樣提供孩子自發性的學習探索，四季藝術讓孩子有更多元領域主題的探索機會。

除了鼓勵孩子主動解決真實生活中所發生的問題，不管是探究食物的食農、食育教育、研究植物的自然教育，或是充滿創客精神的童玩主題或移動工具，甚至於充滿設計美感的服裝主題，四季藝術都嘗試將數學與科學的概念帶入孩子的探索和學習中。所以，曾經任職美國IDEO，來過四季藝術輔導設計思考方法運用於課程中的台中教育大學郭政忠教授曾說：「四季藝術的教學根本是一段由生活科學到藝術美學的創客歷程。」

在這樣的主題規劃下，教師在主題發展前有了共同備課的好機會。老師必須進行教學準備，知道在這樣的主題規劃下，孩子可以發展的能力有哪些，當孩子某個興趣點出現的時候，事先知道這樣的方向有哪些教學資源可運用。老師不是教學的主體，但必須從經營教室情境的角度為孩子的學習打造鷹架。

一個好的主題規劃，是依照孩子的興趣、生活經驗
及發展階段，並對應重要的教學目標而擬定出來的。

一個好的主題規劃，是依照孩子的興趣、生活經驗及發展階段，對應重要的教學目標而擬定出來的。創校初期，經歷過好幾年的幼兒自由探索，四季藝術慢慢掌握了孩子在生活中探索學習的重要面向，因此學校會先訂好三年主題計畫，孩子探究三年都不會遇到重複的主題。接下來，藝術老師與幼教老師各自展開一連串的準備，當兩邊產生共識後，藝術老師著手規劃校園情境，向幼教老師說明理念，各種方案課程由此開展。

進入方案課程後，老師的主導性會再減低，聆聽更多孩子的聲音，觀察孩子對哪些東西感興趣，再提供相關的資源。支持孩子以自己的方法、自己的步調進行探索和記錄。

老師的支持，跟著孩子的興趣走

在四季，下一年度將進行什麼主題，今年就已經知道，學校圖書室每年會依著主題，大量購入相關書籍，老師也可以事先準備。

北屯校園長張淑雲描述：「我們教學非常生活化，跟老師的生活離不開，出去旅遊時，他們心裡想的都是：這個可以採回去、那個可以帶回家，接下來的主題用得到。」提早了解主題也可以讓老師發展課程時不會走到不適合的方向。如有關食物的主題很重食材當令與否，像是蘿蔔很常見、相關料理很多，但如果不是當季，光是採蘿蔔就要帶孩子拉車拉很遠。

事前準備並不是漫無目標，黎明校幼教部教學主管詹心儀表示：「老師要觀察孩子的能力，思考孩子生活中的興趣點是什麼、資源在哪裡。」老師要分析孩子的特質、舊經驗何在。

要能做到「孩子的興趣到哪裡，老師就支持到哪裡」，背後各項資源調度的能力非常重要。老師必須知道跟主題相關的各種社區資源、校園資源跟家長資源在哪裡。西屯校的園長吳家秀點出了四季藝術學校不斷創新的關鍵因素，正是「資源共享」的組織文化，每位夥伴都很願意分享與彼此支援，讓同樣的做法有不同發酵，然後就會有很多創新的想法與做法跑出來。此外，透過資源共享的平台，新老師可以直接線上學習，了解做法，很快進入狀況，掌握教學。

此外，同一個主題會在不同學習區交互發酵。如果班上探究水果，語文區可能透過聽說讀寫，以圖像或是口語的方式，描寫水果摸起來的感覺、對水果的聯想是什麼。烹飪區可能想辦法研究要怎麼喝到柳丁裡面的汁，用什麼方法打開、用切的還是挖的。孩子在過程中會發現許多問題：我只能用這些工具嗎？有沒有其他東西？每個問題都是探索的契機點，孩子持續嘗試，就是一連串發現問題跟解決問題的歷程。

吳家秀提醒：「我們都跟老師說，在教室裡面做的唯一一件事，就是問問題，不斷挑戰他們。」孩子會覺得我這樣做就很好了、很棒了，老師要挑戰：真的是這樣嗎？還有其他的方法嗎……或者分享自己的經驗：我以前吃過另一種食物，好

像不是這樣……。不斷挑戰他們，讓孩子想辦法更上一層樓。老師在教室裡也很忙，但忙的是記錄孩子整個學習過程，整理完可以跟孩子對話、分享給家長，或放在教室做進一步的情境布置。

大主題之下，每班資源共享但各自發展。如「千變萬化的食物」，最後有的班級研究米食、有的研究麵食、有的研究瓜類、豆子，有的做水果派對或是泥料理。每個班明確長出主軸的時間不一，有的一個月，有的可能三個星期。

能力的堆疊比成果更重要

黎明校巡輔教師黃雅娟以「移動工具」的主題為例，以前小孩騎腳踏車，中間可能騎到一半鍊子掉了、不能騎了，那麼就牽回教室繼續下一個活動。「但我們現在會問孩子為什麼會這樣？有沒有辦法可以修好？」教室裡面的情境也會支持有興趣的孩子持續探究，「例如有三個人對腳踏車的結構或是輪子可以滾動這件事感興趣，我們就放到科學區裡面。」對這個議題有興趣的孩子會自動在裡頭產生互動、探索、學習。

這就是規劃的目的。許多深入探究需要老師提供素材、環境、活動，甚至提問上的支持。很多小孩需要有人跟他商量一下、點一下，才能慢慢在操作裡頭有所發現。現場老師要設法幫孩子凝聚共識，往共同的方向探索。

西屯校幼教部教學主管哈曉如表示：「我們看到的不是最後的成果，而是孩子能力的堆疊。」整個課程是一個不斷思考的過程，孩子在中間看得夠不夠深、走得夠不夠多、動手做的機會多不多，有沒有機會去思考、解決問題，這才是重點。

這幾年，四季更開始思考「知識擴散」的重要性，在每一個不同的活動中都自問：「我們到底要傳遞的是什麼樣的概念？」經常在不同的會議中詢問老師：「在籌備的過程當中，孩子發現了什麼、看見什麼、想要告訴別人的是什麼？」

統整課程對孩子的影響是深遠的，孩子已是國中生的雲喆媽媽還記得，當年在小生物主題班上，孩子研究的是在校園裡穿梭的蝴蝶，但因當時校園裡所種植的蜜源植物——馬利筋很少，僅存的幾株葉子也被毛蟲啃光，孩子意識到植物對這些幼蟲的重要，拿出撲滿裡的零用錢，請爸媽帶他們去花市買食草來餵食這些幼蟲。雲喆也將此學習遷移到家中，開始種植馬利筋，直到現在。這段學習經驗開啟了他對植物的認識，從蜜源植物到日照植物到室內植物的探究，至今仍持續著，喜歡到山林裡觀察植物、欣賞昆蟲。前陣子還用自己的零用錢認購四棵辣木，參與「奇蹟種樹計畫」活動，幫助非洲迦納的孩子脫離貧窮。

許多人以為開放的教育就是「放牛吃草」，不可介入孩子的學習，其實提供一個支持孩子自主探索的學習情境，更需要縝密的規劃。將整間教室或整個園所都列入「統整課程」的範疇，讓孩子沉浸在同一主題情境中，主動參與學習，發掘哪裡出現問題，思考該如何解決問題，會是更符合學齡前孩子發展所需的方式。

－ 方案課程發展網絡圖 －

階段一　│　將新主題的學習區資源、情境資源、家長專家資源，
預備期　│　融入於各學習區中，引發幼兒展開探究。

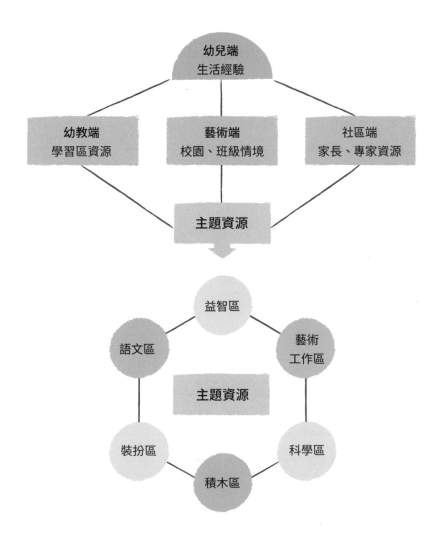

| 階段二
探索期 | 隨著班上幼兒在萌發學習區的興趣點而逐漸形成探究方向，
其他學習區是幼兒自發性探索或萌發學習區的延伸。 |

以食物主題為例說明如下：

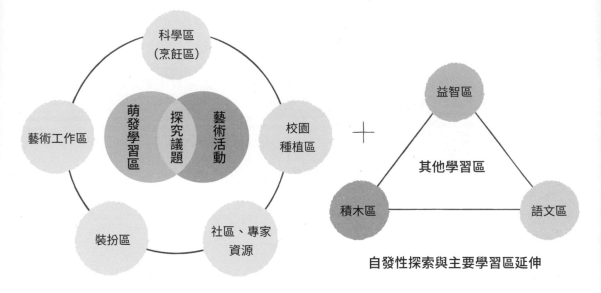

自發性探索與主要學習區延伸

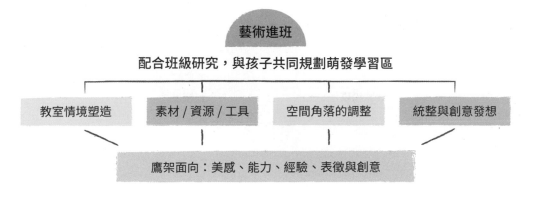

階 段 三
聚 焦 期 ┃ 在不同學習區產生深入探究的面向或課題，
並與藝術活動交織擴展幼兒學習經驗。

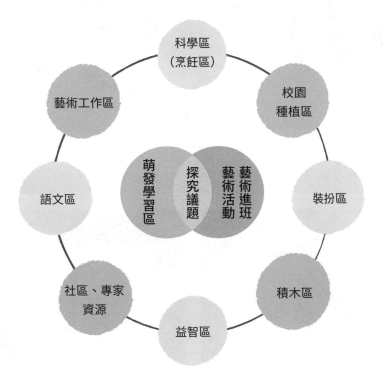

科學區
（烹飪區）

校園
種植區

藝術工作區

裝扮區

萌發學習區　探究議題　藝術進班藝術活動

語文區

積木區

社區、專家
資源

益智區

階 段 四
高 峰 期 ┃ 螺旋式的課程統整設計，
讓幼兒在各時期的學習經驗與能力得以整合。

班親活動　　跨班群成果展　　多元公演　　愛心跳蚤市場
闖關活動

4
5
／藝術教師根據孩子不同的主題探索歷程，帶入多元的藝術創作體驗。

1
2
3
／前往戶外探索的經驗，讓孩子有機會觀察食物自然生長的所在，以及真實的樣貌。

藉由親自的照顧與陪伴，孩子看見小生物真正的需要，並展開一連串改造環境的行動，提供小生物更好的生活空間。

像藝術家一樣思考

身處全球科技與經濟不斷往前推進的現代，愈來愈多國家發現，豐富、有創意的心靈與深邃智慧，才是驅動人類進步的動力。從美國到新加坡，從歐洲到聯合國，提升創造力已成為每個國家的共識。

對於學齡前的孩子來說，文字、語言的能力都尚在發展階段，無法充分表達想法與經驗，運用線條、形狀、空間的視覺語言，以及各式各樣的藝術媒材，是孩子們與外界溝通想法的重要工具。

瑞吉歐教育系統的創始者馬拉古齊（Loris Malaguzzi）曾說：「孩子有一百種語言，一百雙手，一百種思想，一百種思考、遊戲與表達的方式。」因此，校園中的藝術課程不僅只是美感的培養與練習，更是一種跨領域的概念統合工具。在四季藝術，孩子們隨時都能與各有所長的藝術家一起工作、一起學習。

從校園空間到教室情境，從方案課程發展到藝術創作歷程的體驗與探索，藝術家的視覺運用能力、大膽結合各種素材的創意，激發孩子們天馬行空的想像力，同時也落實了孩子的執行力。可以說，在四季藝術的教學中，藝術教育是最能體現瑞吉歐精神的一環。

依循這樣的理念，四季藝術以孩子的興趣為重，透過多樣的視覺媒介，如文字、動作、圖形、繪畫、拼貼、雕塑、泥塑、戲劇或音樂等，不斷觀察、探索主題，以「圖像語言」呈現自己的記憶、預測、假設、想法。藝術課貼著各班方案課程的進展進行，孩子探索到哪兒，藝術課就發展到哪兒，不只每班的課程獨一無二，孩子的作品也是。誠如創辦人唐富美的體會：「藝術家不是在畫畫，藝術家所創作的每一個作品都在表現他對生命、對生活的看法，他的感受、思考、挫折、痛苦、吶喊。創作對藝術家來講是一種表徵，對孩子也是。」

當藝術家走進幼兒園

瑞吉歐每間學校都有藝術老師。創校之初，四季藝術也找來藝術家駐校指導。那時有經驗的老師要待幼兒園的不多，唐富美以高薪請來國外藝術系畢業的老師。她說，「我們找的不是美術老師，是要有個展的藝術老師，本身是創作者。面談說得很清楚：你不要教孩子技巧，要讓他們像藝術家一樣思考。」

四季藝術視藝術老師為教室裡的第三位老師，與課程的結合，較體能、音樂、舞蹈等科別的專業老師更深。藝術組長陳怡君分析：「小孩不會寫字，到大班後期才認得字，他們不會用文字表達我看到的城市很美，但可以用畫的。」藝術老師為教學提供了不一樣的角度，大家稱為「藝術家的視角」。

有些孩子剛進入四季藝術時，可能因為沒有接觸過藝術活動而顯得膽怯，但只要看到其他孩子非常開心地在進行遊戲時，就會躍躍欲試，並在勇敢挑戰後發現玩索藝術的美妙，願意主動嘗試不同的事物、接受更多挑戰。許多孩子從幼小班進入四季藝術後，因為接觸了這樣的教學歷程，在中大班時就更可以自我挑戰、發展創意。

藝術老師發想課程時，也從孩子的生活尋找靈感，有時會找班上老師聊一下近來方案課程的進展，或者在各種可能的時間跑進教室，和孩子一同聊天、探索。藝術組長姚智凱以自身為例，「在西屯校，我們教室旁邊就是幼教部的教室，我常會去孩子班上吃早餐，知道班上在做什麼。」

有一年走小生物的主題，班上小朋友發現學校池塘的魚愈來愈少，水草愈來愈多，於是跟姚智凱說：「魚都不見了，不知道跑去哪裡了？」從這個契機出發，他以水中攝影拍出池塘裡的樣貌，在課堂上用縮時攝影放給孩子看：原來魚沒有不見，只是被水草擋住了。小朋友看到池上池下的世界，完成水墨作品。池下有

魚穿梭在水草間，池上還有蝴蝶飛過去。後來，姚智凱拉了整塊透明布，上頭貼了小朋友的水草作品，底下還有水草的根，孩子們在教室裡彷彿就像在池塘裡似的，還有人在裝扮區打扮成魚。

事實上，藝術課程從方案課程找到靈感後，也經常回頭帶動方案課程。姚智凱以水中攝影讓孩子看到池塘內的世界後，孩子很驚訝原來水草把魚都遮住了，他們想把水草移走看到魚，由此引發一連串的探究。包括水草太多對魚好不好？移走水草怎麼移？移多少量？如何計算？自然而然結合了數學的概念學習。好不容易水草搬家了，回到班上又發現夾在水草裡的魚也不小心帶過來了。為了讓這位魚客人賓至如歸，孩子們每天不只餵魚，還在魚缸旁邊唱歌、講故事。

同時，其他專業課程也加入同樣主題，互相支持，例如體能課讓孩子們想像自己是隻魚扭動身體，音樂課加入樂器唱歌給魚聽。課程最後，魚媽媽生了魚寶寶，孩子們一起把這家魚客人放養回清理過後的池塘裡。

開放式的藝術教育讓孩子有了更多的發展面向。藝術老師姚智凱表示：「要孩子畫出厲害的作品很簡單，可是這個能力是不是跟著他很重要。」許多坊間的才藝課將主題與技巧結合在一起，今天會畫挖土機，明天卻不會畫吊車。「我們教孩子觀察的方法，怎麼拆解、怎麼一步步畫出想要的東西。」

開放式的藝術教育，
讓孩子對生活事物產生美感的要求與想法。

當孩子有了透過藝術表達自己觀察、想法的能力，為作品選擇素材、造型、設計的過程中，也訓練了思辨能力。

駐校藝術教師是四季藝術最具特色的團隊之一，從創作的環境踏入幼兒園，協同專業幼教師教學，需要適應，心態也要逐步調整。

為了幫助藝術家走進孩子的世界，並且在工作崗位上保有源源不絕的熱情、充實自我的能力，學校透過新人師訓、進班實習、讀書會、藝術課程分享、教學觀摩、進班輔導、教學相關會議、資深教師巡堂、海外參訪等一連串成長活動，營造團隊合作學習的氛圍，打破老師單打獨鬥的不安。

慢慢的，藝術教師不再只專注藝術領域，更將視野拓展至幼兒教育的世界，逐漸熟悉幼兒藝術的目標，以及幼兒園的運作。每日與孩子為伍，看見他們驚人的創作能量與創意，快樂與成就感自然隨之萌生。

藝術老師在四季藝術中的角色主要是陪伴者、傾聽者與開創者，在課程中提供擴展、討論、互動、聚焦、創作、實驗與體驗等各種機會與可能，在課程中提供對應的美感經驗與創作挑戰。孩子因為喜歡上藝術課，而潛移默化的對生活事物產生美感的要求與想法。

建築師漢寶德曾於 2003 年發表一篇〈藝術教育救國論〉，期待以藝術教育帶領台灣突破代工經濟，建立自有品牌。這件事喊了多年難有成果，四季藝術卻早已悄悄耕耘超過二十年。老師們能夠投入這麼多熱情創新課程，一大部分原因也是想要改變台灣的強烈期望，希望透過在四季藝術成長的孩子，未來能夠以美感帶領台灣經濟走出新的格局！

右上／ 藝術教室陳列各式各樣的工具媒材，隨時都有可能成為孩子創作必要的元素。

右下／ 藝術教師運用多媒體工具投放池塘底下的水世界，為孩子帶來更深度的感官體驗；接著，結合立體空間的搭建，讓孩子在「水底下」的情境中進行創作。

讓孩子成為主動學習者

方案教學（project approach）是統整課程模式的一種，也
是現今幼兒教育最被廣泛推崇的。課程內容並非教師事先計畫
好的活動，而是根據孩子的興趣而來。孩子是主動的學習者，
他們會提問並且透過各種活動來延伸學習，例如繪畫、扮演、
搭建積木等，呈現對於主題的了解，也就是我們常說的「從經
驗中學習」或「做中學」。

在四季藝術，孩子才是教室裡的主角，學習環境的準備、教學
活動的設計都以孩子為主體，以孩子的舊經驗為基底、依循他
們的興趣來開展教室內所有活動，落實課綱精神，幫助孩子全
方位發展。

當孩子能為學習付出更多的責任時，他們也會被自己的工作所
激勵，進而自我要求、設定目標、努力嘗試。這種主動解決問
題的能力，將藉由對主題方案的深入探究而被發展與增強。

方案教學包容了最大的彈性，但也由於課程必須跟著孩子興趣發展隨時調整，只要老師掌握不到學習方向，許多探索都會因為缺乏支持而夭折。新竹清華大學幼兒教育系教授詹文娟坦言：「在幼兒教育幾個主要教學法裡，方案教學是最難經營的。幼兒自主性最強，老師引導性最弱，老師在規劃的時候，其實是非常困難的。」這個困難點主要出在界線模糊，即使學界到現在也有許多討論：在方案教學裡，老師到底可以做到什麼地步？大部分的學者會同意不可能有完全沒有準備的教學，但當中老師如何看見孩子的能力、適時放手卻又適當支持，專業上的要求是高的。

就像是一個主題樂園，方案教學要讓小孩子進來之後，不管怎麼玩都能夠學到很多，深深考驗建造者的功力。

孩子學到能帶著走的能力

黎明校園長白佳婷提醒：「孩子可能有十件事都很好奇、都想探險，老師要跟孩子共同討論決定，這十個很好奇的部分，到底要先選哪個部分，人的時間精力有限，不可能所有事情都做。」在選擇的過程中，孩子有自己的選擇權，老師也有。老師的選擇關係到自身的敏感度，是否觀察到孩子目前的能力與需求。

「老師發展方案碰到的最大困難，是沒辦法放手，」市政校園長林佳儀觀察，「只

當孩子能為學習付出更多的責任時，他們也會被自己的
工作所激勵，進而自我要求、設定目標、努力嘗試。

要老師心裡有個明確的終點在那邊，就很容易把孩子帶到那裡去，過程當然還是
讓孩子自主研究，但提問會比較以老師為導向。」這種狀況在創校初期很普遍，
主要在於大家會承襲以往的舊經驗，老師先把資料分析、準備好，依照知識的順
序一個個教下去。

然而，老師放手並不代表他在教室就是一位毫無作為的成人。詹文娟解釋：「有
一個很大的誤解就是：很多人都覺得方案是不可以準備的，做任何準備就是有預
設立場、干涉小孩的自主性，但老師一定要有規劃才能開啟很多的自由和彈性，
否則是一片混亂。」後來老師們逐漸改成議題式的引導方法，讓孩子對一件事存
有疑問、好奇，進而引發探究動機。

市政校園長林佳儀之前擔任教師時，在「移動工具」的主題中發展出「騎幻旅程」
課程。剛開始班上滑板車、三輪車、推車都有，但孩子一股腦想要學會騎兩輪腳
踏車，所以自己動手把輔助輪拆掉。

林佳儀和搭班老師帶著小朋友到資源回收場，花不到兩百元買回三台腳踏車和一
堆零件。回來組裝的時候，一堆零件都是壞掉的，大家一個個試。最後班上孩子

不僅知道不同腳踏車有不同結構，還認識不同工具。例如不同扳手符合不同直徑的螺絲，從中發展數的概念與理解。最後他們不只有辦法把整台腳踏車拆掉、組回去，連教室的櫃子都曾經被拆到掉下來又自己修好。有一個小男生回家，對阿公的腳踏車某個零件很好奇，把阿公的腳踏車拆掉。阿公氣得不得了，想不到小男生又自己組回去了。

最後班上孩子真的成功組裝出會動的兩輪腳踏車。為了讓大家都學會騎，他們自己設計考試項目，得騎著腳踏車在空地繞幾個轉角，腳都不能放下來才能拿到駕照。騎車技術還有分級，最厲害的教練級可以去教別的小朋友。主題結束時，全部的孩子都會騎腳踏車了。

自主學習，解決真實生活的難題

透過這樣的自主學習，孩子對於腳踏車到底是怎麼動的也產生興趣。有天，孩子發現二輪腳踏車的移動，是齒輪連接後輪才帶動了前輪的轉動，而三輪車的移動則是前輪的踏板讓前輪可以帶動後輪做轉動。原來，不同型式的腳踏車有不同的帶動原理。

林佳儀記憶猶新，有一天孩子對她說：「老師，我們自己裝的齒輪裝錯邊了。正常齒輪都是在右邊的，但我們的齒輪裝在左邊。」為了弄清楚究竟怎麼回事，林

佳儀還找來專家，跟小朋友分享，原來是因為國人普遍慣用右手，所以確實在設計上做了符合國人需求的調整。這讓林佳儀對孩子的敏銳觀察力感到驚訝。

教學必須從學習者已有的經驗開始，為了讓新進老師快速掌握方案教學的精髓，四季設計了一套「方案發展預想說明書」，就像遊樂園導覽的手冊一樣，可以引領老師往正確方向做思考，從主題方案的核心目標中，設想欲培養孩子的能力。

預想說明書能幫助老師看見不同的規劃、看出表徵的可能性和多元性，而不是依照老師的規劃進行課程。所以在四季的統整性方案課程中，孩子才是主體，課程因著孩子的舊經驗與興趣出發，透過議題方式展開一連串解決真實生活會遇見的問題。

方案發展預想說明書的內容包括：為什麼要進行這個主題？它重要的核心精神在哪裡？為什麼我們要在幼兒階段進行這樣子的主題？接著，對應新課綱六大領域書寫主題核心目標，幫助老師掌握如何在方案進行過程中看見與培養孩子的能力。最後，分析在這個主題中適合探究且有深究可能的面向，依據這些面向書寫可能引起的點火活動、學習區資源的預備、學習區可能議題的規劃與交織的可能性，為方案提供一個發展藍圖，幫助教師在主題轉換時，針對環境預備、議題的開啟等有所準備，不管幼兒發展到哪個面向，老師都有能力接招，在規劃下保持自由與彈性。

「教學不是只有玩而已。教學是透過玩這件事情，讓孩子學到東西。」北屯校幼教部教學主管田若瑩表示，方案課程是相當開放的，但也不容易上手，需要經驗的累積。一旦有了這項工具，老師們能夠快速理解主題的概念和方案的機會，不用從零開始，而是可以站在巨人肩膀不斷的向上成長。在幼兒與老師交替扮演主動角色下，自然而然從生活中發展出各項能力。

右/ 「想要玩」的動力驅使孩子樂於思考、勇於挑戰，而孩子也持續在一連串動手操作、解決問題的歷程中得到最深入的學習。

四季藝術方案教學

四季藝術方案教學，借鏡歐洲三大教育體系之一——瑞吉歐方案教學，相信幼兒是認知的主體，藉由主動的探究建構對世界的認識。在這裡，視覺藝術被視為是一種「語言」，孩子藉由累積真實的經驗與體驗，用自己的角度去遊戲、探索，並以視覺藝術詮釋這個世界，與世界對話。

四季藝術強調運用設計思考的概念，結合「創客」（maker）及「STEAM 教育」，以「想得出來就做得出來」的手創精神，培養孩子動手做、解決真實生活問題的能力，並在課程中融入品格教育，幫助孩子們在潛移默化中養成關懷、珍惜、尊重與責任感，並從統整性學習中建立面對未來挑戰的知識與能力！

主題式方案探究

以貼近幼兒真實生活且感興趣的主題為媒介，讓孩子從真實情境與經驗出發，從生活中引發幼兒玩索探究的熱情，隨著主題脈絡發展深入的議題探究，支持幼兒進行高層次思考與認知建構，並發展出更多主動性、創造性的學習。

動手做創客精神

透過不斷的腦力激盪、動手建構與實驗，與同儕合作協商，並運用生活裡多元的素材與資源解決真實世界的需求。孩子在操作中，逐步建構出自己的思考歷程與作品，自由表現自己的想法，滿足創新的渴望。

美感是生活，藝術是媒介

校園生活中充滿美感體驗，由不同藝術領域的藝術家進駐校園任教，與幼教教師及幼兒討論、協同、溝通、進而合作打造充滿主題線索與深入探究機會的公共空間及教室環境，並提供多元藝術媒材及五感體驗活動，啟發孩子身體感知的敏銳，支持孩子找到自己獨特的藝術表徵，呈現內在的想法與創造。

重視品格與生命教育，願意付諸行動的尊重與關懷

藉由倘佯在大量綠化的無毒生態校園中與蝶蟲共舞，或是積極走出校園探索城市環境，孩子從真實互動中認識自然與人文的環境，也從相處照顧的付出過程學習尊重生命及關懷環境，培養溫暖且有行動力的未來公民。

重新定義學習的方式

童年在彰化小鎮度過的唐富美，母親是繡花高手，原本只為補貼家用的小小手工藝，因為美感極佳，竟然從單純的女工變成繡花設計師兼發包中心，教學範圍遍及整個彰化市區。

繡花高手的媽媽也善於縫製衣服，常把已經太小的衣服，加上用剩的碎布，放大成適合孩子身形的尺寸，還因此讓衣服變化出有趣的新花樣，或者拆拆縫縫的把大人的舊衣改成孩子能穿的美麗新衣服。母親的巧手不只豐富了一家人的生活，解決問題的習慣和創意，也形塑了家中孩子勇於面對困難與挫折的人生觀。

現代的小孩很難有機會跟在媽媽的身邊學習，也缺乏自己動手縫製衣服的經驗，若有機會跟著親愛的老師、好朋友在幼兒園裡嘗試縫製的樂趣，就像跟在媽媽身邊縫衣繡花，肯定會是幸福而有意義的。因為，成長就像一針一線的手工實作，每一步都得是自己真實踏出的才算數。

動手做的過程，不只能培養孩子面對問題的能力，也有助於培養耐性與專注力。在小手拿針縫線、裁剪拼貼的過程中，對大小肌肉的成熟發展、數學邏輯和空間概念，甚至是掌握不同材質、色彩美學的細膩感官，這些都是孩子未來學習路上的重要能力。

全面導入創客課程，開啟真學習

瑞吉歐教育模式也主張，要讓孩子藉由真實的體驗、自己的角度，去探索與詮釋身邊的事物，與世界對話。

由此精神出發，四季藝術的方案教學很早就導入「設計思考」（design thinking）的概念，讓孩子在面對生活中的困難時，習慣獨立思考，自己動手、動腦解決找方法。這樣的觀點和近年快速崛起的「創客」精神不謀而合。

2014 年，《親子天下》「動手做，開啟真學習」的專題報導介紹美國舊金山灣區中小學的創客教育。柏克女校（Burke Girls School）六年級的「達文西專題」，讓學生做出仿達文西發明的模型，當中結合了大量的工程與歷史知識。即使是公立小學，貝艾爾小學（Bel Aire Park Magnet School）在二年級上天文課時，讓小朋友先提出自己對行星的問題，然後在和老師的開放式討論中，共同尋找解答。功課是為自己最喜歡的行星設計一個桌遊，邀請同組同學來玩。

大力推動創客活動的舊金山探索館合作動手做計畫負責人麥克・派屈克（Mike Patrick）受訪時表示：「孩子需要被某個問題卡住、自己想辦法去突破的經驗，這樣，真實的學習才會發生。」

「這不正是我們一直都在做的事？」唐富美看了報導心頭一震，這和她長久以來的理念完全吻合。她請主管立刻打電話到報導中提及的所有學校提出參訪要求，即使被拒絕還是一試再試，學校網頁的英文版為此全部更新重做，終於讓所有學校點頭答應。

浩浩蕩蕩連同主管八人去了一趟回來，大家最大的感想是：「原來我們的方案教學就是創客嘛！」創客教育鼓勵老師放手，讓學生在動手的過程中，主動學習並找出方法解決問題，這是四季藝術一直在走的路。

大受激勵之下，新學期到來，校方做了重大變革，將創客課程正式納入國小 ESL 部門，讓小學生也有機會像四季藝術幼兒園的孩子一樣，從設計思考的角度，透過不斷解決問題的過程，自己發展作品。

為了協助國小 ESL 老師更了解創客，學校找來曾任職美國設計公司 IDEO 的台中教育大學助理教授郭政忠，以及禾方設計創辦人謝昆霖等人先進行師訓。帶領創客的過程和方案課程發展有許多相似之處，幼教部資深老師也加入先期籌備工作。大家擬好教案，決定各年級主題後，第一年的創客課程正式展開。

初期國小部各年級主題分別是小一「舊衣改造」、小二「百變紙箱」、小三與小四「木頭狂想曲」，素材隨著年紀由軟到硬，想得出來就能做得出來。舊衣改造給孩子裁剪、結合的挑戰，布料跟布料不一定要縫在一起，可以用黏的或穿孔等各種方法。有人做隔熱手套，有人做杯墊、水壺套，對一年級孩子的挑戰相當高。百變紙箱可以做桌遊，發揮空間很大。孩子可以設陷阱陷害別人，機關可以像驚喜箱一樣彈跳，每個角色要有故事性、裝備、武器。底圖可以像棋盤一樣，也可以像拼圖般組合起來，甚至用小紙箱層層堆疊。做完的桌遊還可以拿去跟其他小朋友比賽。

2016 年 5 月，舊金山知名創客學校 Brightworks 創辦人蓋文‧特利（Gever Tulley）訪問台灣期間，特別來到四季藝術。他在校園中看到幼兒園的孩子自己修理、組裝腳踏車，或是動手洗切蔬菜做料理的過程，頻頻追問陪同老師如何在教室中引導孩子進行如此開放的學習，家長又是如何支持孩子的學習活動？「你們的老師究竟是怎麼說服家長的？在美國要讓年紀這麼小的幼兒自行使用廚具烹飪，簡直不可能，更別想讓他們自己動刀動鏟。」

在分享參訪心得時，特利高度肯定四季藝術幼兒園的成果，認為在融合視覺、藝術、文化美學方面，四季藝術的能力已大大超越他們目前在美國所做的。當創辦人唐富美提到想送老師到美國受訓，他說：「不是你們要把老師送來美國師訓，是我們應該要帶老師來這裡受訓才對。」

孩子需要被某個問題卡住、自己想辦法去突破的經驗，
這樣，真實的學習才會發生。

多元的主題皆與生活息息相關，孩子能夠從中發展自己感興趣的研究，
例如：設計喜歡的服飾、打造遊戲必須的工具、最厲害的玩具等。

玩出來的大能力

傳統幼兒園的體能課大多是教練準備好器材，解說使用方式，
然後讓孩子照著玩半小時。在四季藝術，體能課也要搭配方案
主題協同教學。

於是，當進行主題是食物時，體適能老師會告訴孩子這些遊戲
球是水果，黃色是香蕉、紅色是蘋果，請小朋友幫忙分類，或
是把自己想像成一把削皮刀，模仿削皮刀的姿勢做大肢體動作
伸展。當主題進行到交通工具時，可能讓孩子抓著滑輪，從橫
桿滑下來，體驗滑行的感受。

相反的，若方案課程需要孩子具備某些能力，體能課也可以先
協助訓練，例如幼教老師要帶小班孩子用步行的方式去戶外教
學，體適能老師就設計了一連串課程，訓練孩子腳部肌耐力。

用創意與身體對話

因此，新的主題方案開始前，體適能老師會和幼教老師共同討論課程架構，以及可以應用的教學元素，然後整理出操作原則、兒童需要的能力指標、體能訓練指標等。課程中會儘量將生活中的元素帶進來，如竹子、塑膠管、水管都是棍棒類，基本操作原則及體能訓練指標都是一樣的。上課時，只要依據不同的方案課程，改變情境引導的方式即可。

體適能老師蒲世豪表示：「我們還是要依小朋友的能力指標去設計課程，當小朋友的能力建構起來，最後生活中所有的東西都可以操作，兩者相輔相成。」

這樣的溝通目的，是幫助體適能老師知道如何延伸班級活動內容，讓孩子自然的融入，連結學習經驗與活動情境，再透過身體語言來呈現自己的經驗與理解，而不只是無意義的模仿大人的動作。

為了鼓勵孩子養成運動習慣，即使有專業體能器材，教練們還是會儘量從生活中擷取素材。體適能老師鄭順鴻解釋：「學校有很多專業器材，回家沒有怎麼辦？就不動了。」於是教練們帶領孩子發揮創意，紙可以揉起來變成一個小球，拋接球之外，讓小孩放在身上任何地方不能掉下來，就是肢體協調訓練。吹衛生紙可以訓練肺活量，寶特瓶可以當足球踢、雙腳夾著練跳躍，甚至當球棒打球。椅子有高有低，站上就能練平衡，跳下來可以訓練跳躍，疊起來又可以當平衡橋，或是利用高低矮椅讓小朋友走階梯。

過程中，除了體能上的增進，孩子有許多和同儕互動的機會，也會發生碰撞和摩擦，這些都是幼童認識身體、學習包容不同肢體語言，以及面對人際問題的大好機會。

在四季藝術，體適能老師不僅是孩子肢體動作的指導者、運動傷害的防護者，更是細心琢磨孩子肢體語言的關鍵角色。例如面對感覺統合失調的孩子，適時適度的擠壓、彈跳、碰觸有助刺激孩子的感官，從活動中練習分辨及學習回應不同的訊息。

「運動刺激夠的小孩有兩個特質：一個是聰明、一個是情緒穩定。」美國這幾十年來關於運動對大腦神經發展的研究，讓創辦人唐富美深信運動的重要性。對四季藝術來說，體適能課程是一門讓孩子學習了解自我、探索身體語言的學問，不僅更了解自己的身體、抒發情緒，也學習了如何面對壓力與挑戰。

「台中好、台中妙，台中的氣候真美妙。天氣好、又晴朗，少刮風、氣溫暖。香香酥酥的太陽餅，甜甜蜜蜜的鳳梨酥。聽我細細說道來，台中真是個好地方呀，好地方。」為了搭配方案課程的台中主題，音樂老師鄭雅菁自己編了一段數來寶，帶著孩子唱完後引導他們自己編，把歌詞換成自己認識的台中。

這裡的藝術課活動要搭配方案課程、體能課要、奧福音樂課也要。為了台中主題，數來寶之外，鄭雅菁想到台中公園可以划船，找了划船歌。科博館有個太空館，

這時可以帶入太空音樂。製作太陽餅要揉麵糰，她介紹美國南方鄉村音樂，讓孩子感受小麥搖曳的氣息。

到了植物主題，孩子們經常在戶外教學撿回來很多大自然素材，有的種子搖一搖有聲音、有的敲一敲有聲音，音樂老師上課時會引導他們聽聽每個聲音的特色，敲敲打打中，逐漸浮現自己的音樂創作。

「學校不想要塞給孩子硬邦邦、太制式的東西，」鄭雅菁說。每次主題開展前半年，音樂老師開始構思新的教案，她儘量揣摩孩子的心態，用他們的語言介紹各式音樂，範圍無限寬廣。

比如台中歌劇院成立，多了許多藝文演出。學校安排孩子觀賞歌劇《萊茵河的黃金》前，她在課堂上花了好幾節課導聆。告訴孩子劇情發展、什麼情節為何搭配這樣的音樂，「當萊茵河的仙子出來時，為何作曲家用這樣的音樂表現從水裡出來的感覺呢？」她邊講故事邊觀察孩子反應，有時甚至什麼都不說，節錄片段讓孩子用耳朵聽。神奇的是，不需看到真人演出，孩子就能在音樂帶動下，腦海浮現很多畫面，告訴老師心裡的感受。

鄭雅菁也接著解釋：「孩子的情緒非常敏銳，不是你給一他就一，而是慢慢啟發，慢慢讓音樂帶入他生活所有的情緒。」從這樣的角度出發，許多感覺很「大人」的作品，四季藝術照教不誤。她帶孩子聽《悲慘世界》的某些段落時，有的孩子

連畫面都沒看到，眼淚就掉下來了。原來女主角芳婷的女兒很可憐，有一段她唱著《雲端城堡》，希望自己住在雲端的大城堡裡，有個穿著白衣的小姐會照顧她。鄭雅菁問他們：「為什麼這個孩子連一個溫暖的擁抱都得不到？現在這麼多人愛你，要不要做一個好孩子？」大家立刻懂了。

「你不要讓他變成音樂匠，不用很死板把拍子教得很正確，應該把他心裡更多音樂的東西引發出來，」鄭雅菁表示，她對孩子最大的期許，就是音樂成為生活中隨手捻來就聽得懂的東西，成為骨子裡 DNA 的一部分。

玩，是可以玩出能力的，四季藝術的老師們始終這麼深信著。

在四季藝術，體能課、藝術課、音樂課都要搭配方案主題，跨領域協同教學。

4
5
／

體能活動提供大量鍛鍊大小肌肉發展的機會。

結合班級的活動探究，奧福音樂也成為課程延伸的一部分，進而連結到年度公演時孩子的演出內容。

1
2
3
／

就地取材運用生活中常見的素材，就能做出提供孩子活動、遊戲的工具。

結合體能教練的教學設計，四季的孩子從小便能培養喜愛運動的好習慣。

統整學習的年度發表會

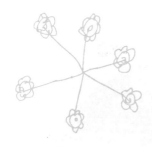

「班上的孩子在服裝主題當中,發現了很多不同特性的布塊,所以在學習區中開始依著不同特性的布塊進行整理、分類,在表演時,可以變成在布工廠裡面的工人,呈現整理很多不同的布塊的情景。」

「我建議,應該要把孩子發現『不同的布塊有著不一樣的特性』的研究呈現在舞台上。以布的特性來說,孩子已經發現不同的布會有不一樣的彈性,可以思考更多彈性布塊跟體能結合的可能性,呈現更多孩子試驗布塊彈性的歷程,讓肢體與彈性布塊的互動展現在舞台上,也可以融入瑜珈的表演,在表演中除了可以看到孩子針對彈性布塊的研究歷程之外,也能發想更多更有創意的肢體動作,提升孩子們的體能。」

這是四季藝術在年度公演前的分鏡會議，各班老師和教學主管討論出音樂與分鏡圖後，必須與創辦人唐富美再開一次會，確認各班演出內容。

年度公演可說是各大幼兒園的重頭戲，最常見的就是每班練支舞給大家看。四季藝術也有，整場看下來，會發現好多特別的主題。撿垃圾可以變成一段歌舞表演、接力賽也是、還有班級上台表演搭帳篷，前幾年甚至連擺道具都是一段表演。能有這麼多別出心裁的表現，原來，四季藝術也把年度公演和方案課程結合起來了。

把學習歷程轉化成三分鐘的表演

早期四季藝術的做法跟多數學校一樣，課程歸課程，公演歸公演，會特別抽時間讓小孩練表演，但他們很快就發現問題。例如小孩練打鼓，只能重複訓練節奏感，孩子久了覺得不好玩了，不斷分心，老師又忙又累，得花很多心力帶領。

調整之後，現在的年度公演就是孩子學習歷程的展現，每學期三、四個主題當中，會有一個主題以年度公演做為高峰活動，把方案課程的內容用三分鐘呈現出來。孩子在台上講的每一句台詞、跳的每一段舞都跟主題探究息息相關。

例如服裝主題時，有的班級直接把孩子在教室做衣服的歷程用歌舞劇演出來，孩子們在教室裡互相選好模特兒、裁縫師、設計師等角色，剪刀、量尺、布料、配

件全部當成道具搬上台。演出時大家邊唱，邊分工量尺寸、剪布、縫布，最後幫模特兒穿衣服。西屯校園長吳家秀回憶整個歷程：「很順暢，這些都是孩子平常在教室裡面做的，要練習的是走位、抓時間，不是練習動作表情。」

「如果孩子知道自己年度公演在做什麼，有能力為自己做一些事情，而不是全部掌握在老師的手裡面，他們才有辦法學到平常課程學不到的東西。」黎明校園長白佳婷指出，平常方案課程本來就會搭配藝術、體能、音樂各科協同教學，公演時更是結合得淋漓盡致。

有的班級想用胡桃鉗的音樂劇呈現服裝主題，音樂老師上課時先帶大家導聆一次，開啟孩子視覺與聽覺上的感受後，大家回到教室，逐一想出每段音樂要搭配的舞蹈與服裝。有的班級在服裝主題走染布，最後決定把染出來的布以甩的方式呈現，為了甩得漂亮甩得美，找了舞蹈老師協助編排，將小朋友染布、晒掛的動作整合成一支舞蹈，看起來彷彿雲門舞集在台上。

放大孩子的每一個思考點

課後的舞蹈課也曾經跟體能課結合，舞蹈課的孩子拿中國風的油紙傘翩翩起舞，另一群孩子踩著直排輪穿梭其間，展現不同以往的風格。表演時，幾乎每班都要景片當背景，許多都是藝術老師帶著小朋友們做出來的。黎明校藝術老師林秀玲描述：「小孩很投入，我說可以下課他們都不要耶。」

「老師在過程中統整孩子學習的精神很驚人，孩子是天馬行空的，我們必須要抓住孩子每一個思考的點發揚光大，把小事變成大事。」西屯校園長吳家秀表示，每個細節，服裝、歌曲、道具的選擇，乃至於舞蹈的編排都必須緊貼主題。隨時思考：道具是不是太大把孩子吃掉了？衣服不能只是漂亮，要切合主題，呈現在舞台上又夠顯眼。連公演當天，家長的位置都特別安排過，只有自家孩子上台表演時，該班家長才能到台前拍照，確保每班演出都能得到最完美的呈現。

早年，四季藝術的公演是在學校草地舉辦的野台劇。後來人數多了，改到豐樂公園，接著中興堂，現在每年固定在中興大學惠蓀堂舉辦，台下擠了二、三千位觀眾，還請了專業導播三機攝影。一個三到五歲的孩子要在短短三分鐘內，記得走位、台詞、舞蹈動作並不容易，但幾乎每個人都專注且樂在其中，鮮少怯場。對學校的老師們而言，這整個過程就是最好的學習。

「年度公演花了很多成本，有那麼專業的場地、燈光、音響，以及那麼多藝術、音樂、舞蹈老師投入，和孩子討論關於表演這件事情，」黎明校園長白佳婷會跟孩子分享：「這不只是為了給別人看很完美的表演，更希望孩子在過程中有所學習跟收穫。」

四季藝術總是讓孩子從生活中學習，另一方面，他們也十分擅長將生活中的各種場域和課程合而為一。

年度公演巧妙的融入主題，為孩子廣泛延伸主題中的知識、概念與情境，持續帶領孩子沉浸在有趣且多元的學習氣氛中。

統整學習的年度發表會

孩子於主題中因好奇而延伸的無數概念與想像，隨著劇情故事的安排構想，被悄悄的活化、運用。跟隨著師生一同協力製作的舞台背景與視覺效果，孩子將生活裡的情感體驗融入角色，配合著輕快的音樂生動演出，再度身歷其境於主題探究的深刻印象中。

一所永不停止進步的幼兒園

清華大學幼兒教育系教授 **詹文娟**

四季藝術的創辦人唐富美老師，是個永遠不會沒有蒸氣的火車頭、永遠不會沒電的火車頭。她一直往前衝，更帶著大家跟她一起衝。

唐老師很令我佩服的一點是，她很少有負面情緒，這點非常不容易，而且影響了整個四季。很多組織領導人都會有一些負面情緒，其實這會影響整個團隊的氛圍。對此，她的說法是：「我哪有時間生氣？解決問題的時間都不夠了，我哪有時間生氣？」她不但不生氣，也從不鬧情緒，更不輕易批評。

有些幼兒園很容易分派，很容易彼此對立，很容易小團體，四季從來沒有這種情況。以前不管哪一位老師過生日，她都親筆寫賀卡，親送每一位老師禮物，還要擁抱一下老師，四季後來發展得愈來愈大，她仍然想辦法跟每位夥伴保持可能的連結，這很不容易！

唐老師的學習力也非常強，喜歡人家跟她有不同的觀點，因為她覺得這樣又能從人家身上多學到一點。還有一件事情令我印象深刻，她每一次跟我認真談話的時候都會筆記，不會漏掉自己想要學的東西。

教學主管的好學也讓我印象深刻。每次我進校輔導，都能感覺教學主管對班級的理解程度非常高，這也滿厲害的。我曾經跟唐老師討論過，為什麼四季的老師投入程度可以這麼高？最後我們的結

論是，四季老師對課程的熱情投入已經超過一份職業所要求的，而是當成志業來看待。

我在四季感受到一種氛圍，就是大家都很專注的在比「好」，只有這樣才能夠進步。像他們每一次的課程分享，就是老師必須做課程梳理。四季的各種教學支持，從持續輔導、從教學主管、從班群、種子老師，各種觀摩的機會、交流的機會，還有知識庫的設立，都是支持老師更進一步的思考課程。這是唐老師最要求、最在意的，一直很願意把資源投入課程與教學裡面。

這麼多年下來，四季每一年都發展出讓人非常驚喜的課程，老師們也很樂於嘗試、改變，讓我覺得非常感動。尤其是每當有老師跑來跟我說：「文娟老師，我現在『終於知道』你說的是什麼了」

的當下，我深深感受到，他們真的是透過實作，理解了理論說的是什麼。

現在，我經常跟我的學生說：「如果你們想看方案教學的實務，就去四季看，看看他們是怎麼做的。」

在四季，我看見一群真心愛小孩、很樂觀、又很有熱情的幼教人，充滿正向思考的地方。

3

相互支持的方案課程

以孩子為主體的探究歷程，
究竟要透過怎樣的精心規劃與耐心等待，才能順勢開展？

透過經典方案課程，
一窺四季團隊的幼教與藝術老師攜手，
從孩子的「食」與「衣」生活情境切入，打造素養深學習的沃土。

創校即將邁入四分之一個世紀，在幼兒教育領域，大家若談到「方案教學」，四季藝術絕對會是幼教工作者腦中前三名會立刻浮現的名字。然而，若又要將這種有機的、隨著孩子天馬行空創意而隨機應變的課堂歷程，有恆毅力的持續產出教學歷程紀錄並發行銷售的園所，全台灣，恐怕就真的就只有四季藝術做到了！

四季藝術的教師群，透過出版課程發展與幼兒學習歷程的雜誌與專書，將發生在一間間教室的精采課堂風景，以文字、照片與影像紀錄，一幕幕倒帶重現。這個記錄與反思的寶貴歷程，不僅讓四季的教師團隊有機會重新慢下來沉澱，回頭思考課堂裡每個關鍵對話的深層意義，更讓其他的幼教工作者、研究者甚至關心教育的家長，看見最真實的幼教現場，並思考如何落實與應用。

幼兒的學習，一定要與他們的生活經驗與情境緊密扣連。在這個篇章，就讓四季透過「食物」與「服裝」兩大主題，細細回溯幼兒在方案課程的成長。

田園裡的大瓜與小瓜

與最親密的家人一同品嚐一道道色香味俱全的佳餚，或是一碗熱騰騰的湯，帶來的是溫暖的滋味；與孩子一起在廚房裡忙進忙出，切切蔬果、煮煮菜，帶來的是無窮的滿足……

當我們帶著孩子運用五感認識常見的食材，並且由他們親手處理不同的蔬果、學習如何料理與種植的歷程中，不僅能深入對食物的認知，也能在烹飪的挑戰中累積成就感，在解決問題的過程培養自信心，甚至對於偏食的孩子來說，自己煮出、種出來的食物，能夠幫助他們接受過去不敢或不想品嚐的食物。

四季的藝術老師，是如何帶給孩子一段關於瓜類的美好時光，並透過藝術領域多元且獨特的視角，讓「食物」主題的學習擁有意想不到的多樣性？透過「初探、擴散、聚焦、統整」四個階段，四季帶領孩子開啟一段與食物的驚奇旅程。

初探：生活中的食物

千變萬化的食物樣貌

在初期，孩子對食物的認識與摸索相當重要，老師首先利用不同學習區的功能，讓孩子從多元角度了解食物特性：在「烹飪區」中，孩子透過簡單的蔬果處理過程，仔細觀察、觸摸、嗅聞食材；在資源的募集中，不少孩子帶來超市 DM，裡頭有著形形色色的食物照片，於是「語文區」興起「小記者大調查」的遊戲，擔任小小記者的孩子開始訪問班上其他人喜歡的食物並記錄；孩子們還結合日常觀察畫下的紀錄圖卡，在「益智區」發展出水果撲克牌的自製教具。透過不同面向的探索，一步步發現食物千變萬化的樣貌。

1　2　3

1 老師提供機會讓孩子自己準備早點。

2、3 孩子們從日常的飲食中產生對食物的興趣，品嚐與討論食物的滋味。

4　5

4 用平時畫下的食物圖卡製作成益智區的撲克牌，也可以延伸為大富翁等桌遊。

5 語文區因為超市 DM 上五花八門的食物照片，開啟了小記者大調查的遊戲。

食物怎麼切？

另一方面，在烹飪區的料理工具操作，也是幼兒非常感興趣的探究。孩子在教師的協助下，練習使用水果刀、塑膠刀等器具，而這些處理食材的工具與情境，都經過老師審慎的選擇和規劃，並在過程中跟孩子討論關於「安全」的問題，以確保大家都了解基本的使用規則。

經過摸索，班上分別切過蘋果、香蕉、柳丁、木瓜等水果，孩子發現軟一點的水果比較好切；柳丁的皮很硬，可以先剝皮再切；除此之外，有些食物甚至不用使用工具，用手就可以剝好；孩子也歸納出幾點切東西的技巧，包含手要扶著食物、手指頭要彎起來，才不會被刀子切到。

練習切蔬果。

透過藝術活動，孩子能更仔細的觀察蔬果的樣子，並用他們獨特的角度，以不同的材料、工具表徵他們的看見。

睜大眼睛看食物，直切橫剖大不同

藝術老師則透過藝術活動，將食物的多元風貌展現於孩子眼前，例如橫切、直切的水果，形狀與切面看起來都會有差異；或是不同的擺放方式，孩子從上下左右方向觀看，看見的樣貌也截然不同。緊接著，老師再藉由引導，鼓勵孩子除了初步描述外形，能更進行微觀觀察，並用蠟筆、黏土等不同媒材進行創作。當孩子累積足夠體驗，創作出來的作品不僅更加豐富，也新增了不少細節與獨特的詮釋角度。

把食物分類

探索初期，老師就鼓勵孩子在益智區思考分類不同的食物，幫助他們能夠在過程中深入了解食物特質。一開始因經驗不足，孩子運用超市傳單的食物圖片進行區分時，多半採用比較粗略且直觀的分類，如肉類、菜類、餅乾類、飯類等，等到有更多觀察與操作後，新經驗開啟了孩子不一樣的分類方法，如水果分成籽很多／很少類，或是皮很硬很難切／很軟很好切類等。

為了增添探究食物的氛圍，藝術老師也帶領孩子一同參與情境改造。孩子用畫筆親手在牆面上描繪出好吃的蔬果，有的孩子畫了蔬菜的葉子與菜梗，也有孩子畫了香甜的水果剖面。完成後，孩子們環視煥然一新的環境，忍不住說：「教室感覺起來酸酸的、甜甜的，聞起來都變香香的呢！」

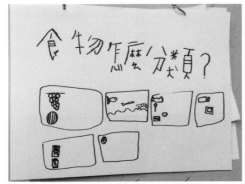

1 2 3

1 將舊經驗整理收納並放在學習區，讓孩子可以持續探究。
2、3 孩子親手改造教室的情境，將蔬果帶入教室！

擴散：食物的祕密

一起吃水果吧！

在持續處理食材的過程中，有些孩子分享他們切好的水果後，才發現若沒有規劃隨意切，會讓一些人沒吃到，那應該怎麼辦？於是，為了讓班上所有人都可以品嚐香甜的水果，除了替水果去皮，孩子也思考起如何平分果肉，因而在益智區展開「切多少才夠大家一起吃」的研究。

孩子們先在白紙上構思切割的辦法，但根據紙上的規劃，平面的設計卻難以運用在食物切割上，必須找到同樣是立體的材料，先進行真實的模擬才準確。因此，孩子在討論之後，想到他們常用來做出各種蔬果的「油土」，搓揉出相似的形狀再去切，就可以有「失敗→再嘗試」的機會。

老師也發現，只要提供足夠、適合的媒材，接受孩子的失敗經驗，鼓勵他們自發討論解決的方法，自然能夠連結舊經驗、創造新經驗。在這段歷程中，透過好吃的水果，孩子不只學到「等分」的數學概念，也獲得共享食物的喜悅。

要怎麼切才可以讓班上每個人都吃到水果？

藝術活動

蔬果裡的祕密

除了處理食物時的觸覺感受之外，為了能增加孩子對食物的視覺刺激，藝術老師透過實物投影機的光線與切片蔬果的透光性，讓孩子近距離觀察光影的變化，以及顏色、線條、形狀的疊加。

過程中，透過自由調整食物的組合方式，藉此讓孩子看見豐富的色彩層次與剖面線條排列，蔬果投射出來的顏色與光影交疊，讓孩子大大驚豔。而歷經這些視覺觸動後，孩子以半透明的卡典西德紙為主要創作素材，以剪貼方式搭配複合媒材，如紅豆、絲瓜布、麻繩等，重現他們心中烙刻的印象，不僅傳達視覺上的看見，也將觸摸時不同的食物質感表現出來。

1 2 3

1　蔬果的切片透過投影機的光，呈現出漂亮的光影輪廓，在孩子腦海中印下深刻的影像。

2、3　孩子們以複合素材表徵蔬果不同的質感，好比用豆子代表奇異果的籽，麻繩粗糙的毛茸質感，可以做為奇異果的果皮；將絲瓜布鋪開，張貼於淺黃色的卡典西德紙上，看起來就像橙絡或橘絡。

摸摸看，對食物的感覺是？

孩子：秋葵切開黏黏的，裡面有一粒一粒的。

孩子：小黃瓜摸起來滑滑的。

孩子：絲瓜切開摸起來很像棉花糖，軟軟綿綿的。

孩子：南瓜的皮摸起來粗粗、看起來橘橘的。

孩子對不同的食物質感有特別的想法，像是刺刺、凸凸的絲瓜表面，用一段一段的吸管表現；大大小小的水果種子，就用不同的豆子來代替！

老師也在情境上做出調整，將孩子的食物紀錄圖表現局部質感的創作，整合成一面牆，孩子不僅可以透過雙眼觀察、雙手記錄，也可以用觸覺去增加更細膩的感受。

同時，孩子也在「藝術工作區」發明了新的挑戰遊戲：閉上眼、摸一摸、猜一猜，摸到的像是什麼食材的觸感？張開眼、看一看、想一想，是不是猜對了？跟食物本身是不是有很相似的質感呢？有沒有其他適合的媒材？

在這個遊戲中，孩子能夠累積感官的體驗，也讓他們可以互相交流，激盪對食物質感的不同看法。

左／ 摸一摸、猜一猜，食物是什麼樣子？食物有什麼祕密？可以用不同的素材表現出食材的質感喔！

右／ 老師準備長形的珍珠板，一半的空間讓孩子做觸覺質感，另一半孩子可以用線條記錄他們創作的作品。在玩的過程中，如果很多人都覺得紀錄的特質跟原食材不夠相像，作者可以拿下來再做修改，圖像紀錄的部分也一樣，如果想要再修改，老師也以雙腳釘固定，讓孩子可以有重複修正的機會。

好玩的料理活動

隨著孩子「切」的技巧日益進步、熟練，也因此產生想嘗試其他料理方式的動力，像是蒸、煮、炒、榨汁、調味……烹飪的實驗如火如荼展開！

孩子們首先連結日常的飲食經驗，不論在家中吃飯、廚房阿姨煮的餐點、外食，每道料理都會有不同的食材搭配、煮法與調味。

孩子：阿姨炒的菜有加鹽巴還有油。

孩子：還有加蒜頭。

孩子：阿姨煮的肉有加薑跟油。

為了找到各種食材最適合的烹調辦法，大家決定採用較小的份量來烹煮食物，讓每個人都有機會去實現自己的推測和想法，也有機會體驗完整的料理流程，增加料理的可能性與多樣性。

小份量烹煮

自己處理一道料理，不但可以讓孩子建立成就感，還能清楚了解烹煮的整個流程。孩子們分別運用不同的方式料理教室中的食材，任何的想法和搭配，都能藉由小份量的食材來自主嘗試。

老師發現，每位孩子的舊經驗、家庭習慣，會影響他們對於料理的偏好，如此一來，每個孩子來學校，都可以分享不同的烹煮方式，豐富彼此的生活。例如：用電鍋蒸蒸看打散的蛋，加入番茄等蔬菜會增加味道的變化；小黃瓜切片後，可以像平時午餐的餐點一樣，加入玉米與蒜頭一起拌炒；吃過絲瓜麵線的孩子，則嘗試用麵線、絲瓜、枸杞、薑一起烹煮；還有多種苦瓜料理，好比炒苦瓜、打苦瓜汁、蒸苦瓜，孩子們還從中發現：蒸過的苦瓜比較不苦，但打成苦瓜汁之後就變得好苦！

雖然孩子在之前有些許基礎烹飪經驗，但對於「食材的搭配」及「如何煮出好吃的料理」還有許多困惑，現階段也停留在使用不同工具、用直覺去煮各種食物。老師在這個過程中，開始反思並跟孩子一同討論接下來的烹飪活動方法，例如：運用慢食概念和好友共享，一起品嚐每一口食材的不同組合變化與搭配；藉由小份量烹煮，讓每個孩子更能體驗整個烹飪流程，而豐富的操作經驗也有助於幫助孩子發現問題、解決問題。

好玩的料理活動持續進行著。透過小份量的烹煮，孩子可以經歷更多、更完整的烹飪歷程。

新鮮絲瓜與老絲瓜

在煮絲瓜的時候，孩子們注意到一個很有趣的現象，「為什麼我們的絲瓜煮過後，吃起來、看起來都像菜瓜布？」是不是班上的絲瓜變老了、放太久了？為了更了解食物久放的差異，孩子們把不同時間進入班級的絲瓜拿來比較，兩個絲瓜的外觀看起來真的不太一樣呢！

孩子：蒂頭變成咖啡色的，我猜它是老絲瓜。

孩子：我覺得凹下去的是老絲瓜。

孩子：新鮮絲瓜和老絲瓜的顏色應該不一樣。

孩子針對新鮮絲瓜與老絲瓜進行一系列猜測，開啟對食物的辨識力。之後為了印證猜測的結果，孩子試著處理兩種絲瓜後發現，新鮮的蔬菜與不新鮮的蔬菜，除了容易可見的外觀差異，切開時也可以感受到它們之間的不同。

鮮嫩絲瓜與老絲瓜的差別，啟發了孩子對「新鮮食材」的重視，為了讓大家都能享受到美味的食物，也不再浪費食物，孩子決定要趁蔬果新鮮的時候，趕緊研發出一道道好吃的料理，這樣也可以擁有更多創意美食。

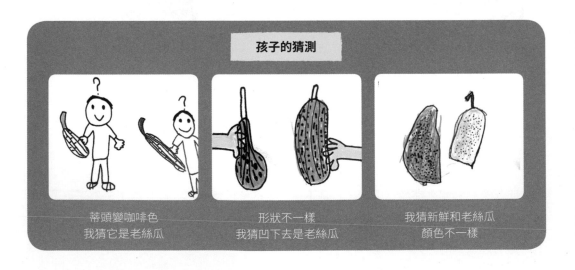

孩子的猜測

蒂頭變咖啡色
我猜它是老絲瓜

形狀不一樣
我猜凹下去是老絲瓜

我猜新鮮和老絲瓜
顏色不一樣

實際嘗試的結果

新鮮絲瓜很好切、老絲瓜很硬很難切

老絲瓜沒什麼水拿起來比較輕
新鮮絲瓜很多水拿起來比較重

老絲瓜切面有線線、新鮮絲瓜很滑

老絲瓜線線都快隱形了、新鮮絲瓜線是深綠色

好吃的瓜

經過一段時間的探索，孩子們注意到一件事情：「我們好常吃到瓜！為什麼最近我們這麼『常吃瓜』？」餐點中有絲瓜、冬瓜、南瓜等蔬菜，水果類則有哈密瓜、西瓜等，連大家帶來的食材也有好多的瓜。

小琳：最近媽媽帶我去菜市場的時候，就有很多瓜呀！

亭亭：我阿公有種菜，他說現在是瓜的季節，所以有很多瓜可以吃！

有了這個驚喜的發現，孩子也將研究焦點放在不同的瓜類上，包括深入了解瓜的祕密、研究好吃的瓜料理、種植蔬果，以及從藝術的視角看見「不一樣的瓜」。

聚焦：有趣的瓜

瓜瓜教室

孩子回憶，先前曾經把蔬果帶入教室情境，希望把各式各樣的瓜也一起放入教室中，於是藝術老師再次帶著孩子改造教室。同時，因為烹飪區的孩子常常會擔心油和水沾到衣服，也有了製作圍裙的想法。

為了讓藝術活動具有延伸性，而非一次性的創作，藝術老師將班上的兩個想法結合，透過一次藝術創作，讓作品有多種運用的機會。藝術老師引領孩子一邊觀察不同的瓜，一邊用油性筆在保麗龍板上刻劃瓜的樣貌，除了統整對細節與特徵的了解，也發現孩子在線條的描繪上更為純熟。

完成後的保麗龍板具備多功能，可用不同方式融入教室情境。如：老師先邀請部分孩子參照自己在保麗龍板上畫的圖案，將瓜類描畫在工作桌的桌板上，看起來就像是桌布一樣，吃飯時可以欣賞美麗的瓜；另外一群孩子，則利用卡典西德紙在教室內創作，不同顏色、不同深淺，交疊出瓜的色彩；而製作完成的板子，也將在下一次的藝術活動用來蓋印圍裙、改造教室。

孩子們動動手，在胚布圍裙蓋上黃綠相間的絲瓜，班牌也變成了富有特色的瓜果的蓋印畫……美麗的圖案傳遞著探究的主題，也展現出孩子細膩的觀察。

1	2
3	4

1 一邊觀察，一邊描繪瓜的樣子。

2 在桌上畫各式各樣的瓜，吃飯的時候也可以欣賞大家的創作，讓瓜瓜無所不在。

3、4 用保麗龍板蓋印畫製作出田園班的班牌和圍裙，讓一個作品可以有多種運用。

瓜瓜的籽，妙用無窮

因為孩子在先前的植物主題中，已擁有種植的舊經驗，且種植的活動也持續在班上的「科學區」進行，因此大家對於食物的種子一直保有高度興趣，在處理不同瓜的過程中，都會把籽保留下來。除了拿來創作，最重要的是孩子希望可以拿來種，這樣才能收成、才能持續有吃不完的食物！孩子們依據舊有的經驗，在實驗區中種下不同瓜的種籽，並標注種下的日期，持續進行照顧與觀察。

多餘的種籽孩子也不浪費，他們將這些種籽放到益智區中，做為圍棋遊戲的材料，只要有兩種顏色的種籽，就可以仿照圍棋的規則一起玩「籽棋」。此外，由於校內的愛心園遊會即將到來，孩子們也提出販賣種籽、盆栽的活動，讓更多人可以跟田園班一起種瓜。

在種植實驗區種下瓜的種子，持續觀察與照顧。

瓜瓜廚房

孩子們也因為這個食物主題，與家人開啟許多相關的交流與分享，不但與家人一起煮飯，也喜歡請教家裡會做料理的大人如何煮出各式料理，因此帶來了不少跟瓜有關的簡易食譜。

教室裡，孩子們嘗試閱讀這些圖畫食譜，加入更複雜的烹飪流程、更多樣的料理工具，像是甜甜的南瓜濃湯，可以用果汁機打碎蒸好的南瓜再調味；涼拌青木瓜，只要切好青木瓜，跟百香果拌在一起，就是一道清爽的小菜。有時候老師也會邀請爸媽進班，成為專家資源，幫助孩子了解細節，增加烹調的技巧，也完成一道道佳餚，彙集成班上的「100 道瓜瓜料理」。

瓜瓜廚房如火如荼的研究不同的瓜料理，孩子們也會通力進行食材的處理與烹調，一起完成田園班的「100 道瓜瓜料理」。

將一道道田園班瓜料理的烹調過程以繪畫記錄下來。

瓜瓜大調查

孩子從初期開始累積的能力運用在瓜類探索上，於是展開了一連串的「瓜瓜大調查」，而「語文區」就成了孩子蒐集與整理資訊的中心。

有了之前分類食材的經驗，大家已經能夠歸納出比較明確、且結合了烹飪元素的分類，並在老師的協助下製作成圖表，成為情境鷹架的一部分。

孩子：南瓜皮很厚，適合蒸的。
孩子：冬瓜適合煮湯，丟在湯裡慢慢煮。
孩子：絲瓜適合炒，要記得加點水，會比較快熟也不會焦。

除了分類瓜的特性，孩子在語文區還依據整合的探究內容，改編出有趣的兒歌、用紙筆記錄瓜的祕密，還有創作富想像性的故事，讓瓜瓜大調查不只是調查，更結合語言、音樂、藝術等概念。

藝術活動

碗中瓜

在處理各種瓜的時候,孩子們發現挖空的瓜好像容器,可以拿來裝東西。延續此一想法,藝術活動利用陶土創作像瓜又像碗的「碗中瓜」。

孩子先捏出碗的基底,再揉搓出瓜的表皮紋路,因為每個孩子想像的瓜都不太一樣,所以創作出的作品也是獨一無二的。而這一次盛裝器皿的創新嘗試,也成為孩子烹飪活動的啟發,孩子會將瓜肉挖出來,保留完整的外殼,烹調完的料理再放回「瓜碗」中,就是一道好看又好吃的美食!

挖空內部的苦瓜好像容器喔!孩子以陶土創作像瓜又像碗的「碗中瓜」。

導護阿姨家的瓜園大探險

隨著孩子愈來愈熟悉各類的瓜，也調查了很多關於瓜的大小事，老師發現孩子們在創作時會加入一點生長環境的因素，但孩子卻沒有什麼機會真正看見瓜田與瓜的生長；再者，當孩子們觀察科學區的種植實驗，也提到「為什麼植物長這麼好都還是沒有長出瓜？」「怎麼樣才能夠長出瓜？」等問題。這些班級探索的瓶頸，都觸發了老師帶孩子去戶外教學的想法。

在戶外教學前一天，孩子先提出想要詢問或觀察的問題，例如：種植瓜瓜時，絲瓜長得很快，地上很快就爬滿了長長的藤，但是為什麼沒有長瓜呢？第二天，孩子們帶著滿滿的好奇心及疑問走進菜園。有了先備經驗的孩子，很快就把眼前的情景與日常的研究內涵相連結，一眼就看見絲瓜高攀在樹上，有的掛在搭建的網子上，阿姨說絲瓜會攀著一旁的樹幹或是竹竿生長！

小朋友也發現，絲瓜的葉子是牛仔帽形狀，還有小小新鮮的絲瓜，摸起來是毛毛的感覺，而且有深綠色的線；老老的絲瓜身上有很多咖啡色的線，有些則乾掉變菜瓜落在土地上⋯⋯這些都印證了大家之前的發現。最後，阿姨也大方剪下幾顆絲瓜及山苦瓜，讓孩子帶回教室。

孩子們在阿姨的瓜園進行探險。

五花八門的瓜棚

參觀完絲瓜棚後，趁著印象新鮮深刻，老師帶領孩子持續用多元方法、媒材重現瓜棚的樣貌。

在藝術工作區，孩子幫先前用黏土捏出的瓜瓜製作棚子，以四根吸管當支架、綠色黏土當地板、黃色或綠色紙條捲上吸管就是藤蔓；「絲瓜有很多捲莖，可以捲住東西，很像我們和好朋友手牽手。」孩子們一面看瓜園照片一面回想，再用紙筆畫下他們對瓜棚的了解，一筆一畫間可以看出孩子的空間感有很大的提升，也能仔細、耐心的繪畫細節。

另一方面，過去孩子曾試著用各種積木組合出蔬果，因此老師這次也在益智區、積木區中，加入不同的形狀與顏色，讓孩子能建構更貼近食物樣貌的積木作品。

過程中，孩子會互相討論，或是透過小組合作，與不同年齡的同儕相互刺激，完成多個作品。戶外教學回來後，孩子也將瓜園的經驗融入其中，用積木搭建出一個又一個棚架與瓜。

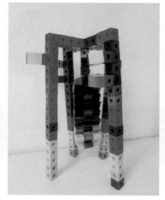

用多元媒材表徵瓜棚，達到跨領域的學習。

種瓜實驗

逛瓜園的時候，孩子詢問了阿姨關於種植實驗的問題，阿姨說：「種瓜非常需要養分和陽光！還要幫瓜搭棚架，讓莖往上攀爬，瓜長剛好就可以用剪刀剪蒂頭進行採收！放太久會變成菜瓜布，會老、變乾。」為了驗證肥料與日照是不是真的能幫助植物生長，孩子們在科學區分別設計兩種對照實驗：一個是有施肥／沒施肥組，另一個為晒太陽／沒晒太陽組。經過一段時間，孩子們發現在外面照陽光的瓜，葉子真的長好大、莖好粗喔！孩子們藉由親自操作，驗證了種瓜、種菜都需要足夠的陽光和肥料。

孩子的種植實驗紀錄圖，分別設計有施肥／沒施肥，以及晒太陽／沒晒太陽兩個種植實驗。

採收之前植物主題到食物主題間種植的菜，還可以給烹飪區使用喔！

南瓜冒芽了！但莖太軟，可以替它加上支架。

藝術活動

長長的瓜棚

老師們從孩子的創作與建構活動，看見孩子想要重現瓜棚的熱情和創意，也觀察到孩子對於瓜和藤蔓有深入的了解，但是對瓜葉的印象卻不夠細節與細緻。

於是，當班級老師跟藝術老師分享班級近況後，藝術老師決定運用藝術活動時

間，透過戶外教學影像幫助孩子重溫記憶。垂掛的瓜、蔓延的藤、如掌的葉、固定的支架……當回憶被緩緩喚起，再邀請孩子以水墨的柔軟特性，在長長的宣紙上，展現瓜藤綿延的生長狀態，肢體也跟隨手部動作，擁有向外延展的感受。

之後，長長的宣紙在老師協助下，垂吊於班級的天花板上，而且為了更接近真實的瓜棚，孩子再用綠色、咖啡色的紙，扭轉出攀爬的枝藤，垂於長長的宣紙之下，並製作葉子與瓜果黏於鮮綠的藤蔓上，打造一座田園班的大型瓜棚。

老師也觀察每個孩子的特性及興趣，利用分組策略，讓需要大活動量的孩子可以玩撕紙、揉紙、捲紙，能靈活運用工具的孩子可以玩剪紙，對色彩有敏銳度的孩子可以玩卡典西德紙，每個孩子都能參與班上的情境布置，也特別有成就感。

左／孩子們在長長的宣紙上畫出綿延的瓜藤，一面畫也一面用肢體去感受。
右／扭轉出紙藤貼於垂吊的宣紙上，讓田園班的大型瓜藤更貼近現實。

統整：瓜瓜樂園

瓜的紋路與迷宮

「哈密瓜身上的線，好像迷宮喔！」孩子從各種瓜類進入教室時，就注意到哈密瓜上線的排列十分特殊，老師鼓勵孩子到益智區設計哈密瓜迷宮，孩子們都躍躍欲試！

但是想像很容易，試過後才發現難度很高。畫了第一次，孩子也互相討論和試玩，有玩過迷宮經驗的孩子分享：（1）應該要有出口和入口；（2）要有一些路可以走，一些路不能走。孩子挑戰了好幾次，邊畫邊玩，紙上玩一玩再回到哈密瓜上，愈玩路線概念愈清楚、愈來愈有規則。老師也用微距拍攝的方式，放大瓜瓜身上的條紋，印出來讓孩子進行遊戲，讓不會畫路線的孩子也可以有機會真正走進瓜瓜紋路中，除了增加對於瓜的覺知辨識，也能夠在其中滿足情意想像。

孩子在哈密瓜的果皮上玩走迷宮的遊戲。

瓜瓜百科

田園班有過走到戶外的經驗，也開始有更多孩子在研究哈密瓜的紋路時，對於「路線」產生興趣，趁此機會班級也開始進行探索主題的轉換。隨著食物主題尾聲的來到，孩子將他們對於瓜的觀察、調查、記錄，整理成《瓜瓜百科》，每一本百科都有不同的內容與類別，例如：《絲瓜百科》記錄絲瓜的大小事，《籽的特輯》告訴別人每種瓜有什麼樣的籽，《瓜瓜捲莖》則收集了不同瓜的捲莖樣貌記錄圖。

100 道瓜料理

田園班瓜瓜廚房持續研究包含熱食、冷食、湯品等美味料理，從種植實驗室收成的菜也可以一起煮，為「100 道瓜料理」增色不少，而班上每個孩子都有自己的拿手好菜，完成的料理也會分享給其他人一同品嚐。

泰泰：我喜歡煮絲瓜炒蛋……絲瓜變軟快好的時候，再把蛋倒進去，炒一炒再加一點鹽就可以了。現在我可以煮出漂亮的絲瓜炒蛋，而且很好吃！

小恩：蒜頭和小黃瓜一起煮的時候，要先炒蒜頭，聞到香香的味道，再把切好的小黃瓜倒進去炒，火不能太大。煮久一點，蒜頭就不辣了！

喬喬：南瓜很難煮，要煮很久，可以用電鍋蒸比較快！

小霓：我去阿嬤家聚餐，媽媽讓我幫忙煮絲瓜炒蛤蜊給大家吃，阿嬤好開心，大家都說我好厲害！

孩子可以利用口語表述的方式，將他們烹調的流程鉅細靡遺表達出來，也可以分享煮菜小技巧或注意事項，讓其他人也知道怎麼煮出好吃的瓜。田園班的孩子不僅能煮出好菜，也可以說出一口好菜呢！

1　2　3

1　閱覽情境中的「100 道瓜料理」食譜，進行料理活動前的準備。
2、3　孩子們熟練的煮出一道道美味的瓜料理。

藝術活動

小農瓜園

除了探訪瓜園，班級也有前往市場購買食材的體驗，因此食物主題的最後一次藝術活動，結合整個探究歷程的跨時間軸經驗，並加入故事情境與扮演，讓孩子對於對瓜的情感，再次投射於作品中；也把對於瓜棚的觀察具體化，建構屬於個人的小農瓜園。

孩子們回顧之前的戶外教學經驗，與老師討論如何建構自己的瓜園，並利用珍珠板、紙張、塑膠管、毛根、黏土等素材進行個人創作。如以條狀珍珠板組裝成一層又一層的展示架，展示架前再固定瓜棚架（塑膠管），最後讓瓜藤（毛根或紙張）、瓜慢慢在瓜棚上「長」出來，而後方的架子上，也會考量到陳列的美感，把不同的瓜擺上去。小小農夫們，就是這樣有耐心、一步步製作出他們夢想中的瓜園。

此次的作品，藝術老師也思考如何連結藝術工作區中孩子的創作手法，像是用黏土固定棚架、瓜藤捲在支架上等，用多元媒材與創作方法組成立體的個人作品。

溫暖人心的味覺記憶

在田園班的瓜瓜探究愈來愈熱烈的時候，一路跟隨孩子們成長的班級老師有最多也最深的感觸，這些活動甚至促使很少進入廚房的老師，帶著自己的孩子為家人煮出一鍋好湯，不僅溫暖了家人的胃，也溫暖自己的心。孩子傳遞的溫度不只如此，他們開始會為了家人下廚、主動協助做家事，不但改變家庭的外食習慣，也

讓親子共廚成為一種日常習慣；此外，孩子也主動詢問和關心家中會耕種的長輩，使得家人之間的感情連結更加深厚。

在這個方案歷程中，老師運用最多的策略就是「提供一個支持幼兒探索的環境」。在情境的營造下，適時融入各種資源，幫助這群城市的孩子，創造屬於自己、同儕、老師、家人的味覺記憶。老師也不斷鼓勵孩子實踐「想了就去試」的精神，逐步累積經驗與成就感，帶給孩子無窮的動力，一次次萌生想解決問題的渴望，一次次體會食物主題裡酸甜苦鹹的好滋味。

課程／田園班；指導／黃嘉慧、黃于軒、王丰元；文／陳佩勤

參考資料 Newman, R. (1995). Bringing the classroom into the kitchen: Lessons learned at home. Childhood Education, 71(2), 107–108. Jackman, H. L. (1997). Early education curriculum: A child's connection to the world. Albany, NY: Delmar.

服裝夢想家

校園裡，孩子展開了對「服裝」主題的深入探索。服裝千變萬化的視覺表現，不僅拓展了孩子對於美感的認知，對於興趣焦點的聚焦與研究，更在生活中提供孩子無數個親手操作的機會。例如：動手穿衣服的時候，要幫每一個釦子找到家才能穿好；為了設計蓬蓬的公主裙子，除了嘗試不一樣的布料，更實驗不同的編織技巧與打結方法；仔細觀察衣服圖樣線條的變化，親手進行專屬的圖案設計⋯⋯透過多元有趣的藝術活動帶領，藝術教師也藉由藝術與美感的視角，幫助孩子在創作的世界裡，結合源源不絕的想像力與創造力，統整豐富的學習經驗，在多元的媒材與工具操作中，實現創作的想望。

探索：神奇的服裝
●●●●●●●●●●●

改造學習區：「服裝工作室」的誕生

在上一個軌道主題的尾聲，孩子對於軌道機關中使用到的緞帶、鈕釦、毛線等素材產生了興趣，因此在新的方案初期，班級蒐集了許多的資源，包含布料、衣物、線材、釦子等；但過於繁多的物品散落在教室內，讓孩子時常提出找不到東西的困擾。經過討論，班上決定進行媒材的整理與學習區的改造，除了練習折疊衣物，也在老師的協助下，利用透明的盒子、捲軸、衣架與橫桿等，完成各種線材和衣物的分類。透過這次的整理任務，不僅讓學習區裡的資源一目了然，孩子們更將這些資源集中的區塊取名為「服裝工作室」，形成一個新的學習區，讓每

個人都可以自由、彈性的取用材料與工具，也讓教室成為專屬於這群小小服裝改造師的工作間，不論藝術教師引導的藝術創作或方案的探究，都能在學習區中盡情發揮。

1 2

1 琳瑯滿目的線材，孩子們分別用筷子、紙捲等物品來收納。收拾好的線與緞帶整齊擺置在教具櫃上，既美觀又容易取用。

2 將蒐集來的材料與衣物細心整理，經過大家的分工合作、改造，學習區有了系統性的分類與擺放方式，並成為孩子的服裝工作室。

藝術活動
———
衣服可以怎麼玩

「一件件擁有各式花樣的衣服，只能穿在身上嗎？」教室裡各式各樣的服飾資源，透過藝術老師的引導，讓孩子對於生活中這些熟悉的衣服，有了不一樣的想法。藝術教師帶著孩子展開各式各樣的發想與嘗試，拿起班上的衣服素材，孩子動手拉一拉衣袖，感受衣服上的彈性與質感，並且仔細觀察衣服上的圖樣與質

感，打破原來衣物的功能性，產生更多對於素材再利用的好點子，例如：長袖衣服可以當披風、衣服上方的花樣可以剪下來當拼布、圍裙可以透過不同的穿法變成真正的裙子……。最後，孩子們也將自己發現的服裝穿法、搭配方式，穿在身上進行服裝走秀。

在藝術老師的帶領下，孩子進行著班上服裝資源的探索，感受每一件衣服特有的彈性與材質。同時也嘗試了各式各樣的玩法，發現不同服裝的特色與功能。

從創意發想區出發：服裝設計方案

孩子在反覆的摸索中，逐漸開啟對於服裝截然不同的概念，並思考著如何動手改造手邊的衣物，也將個人的想法加入在藝術工作區的繪畫中；藝術課程則利用各種素材在小人偶上，創作出具有特色的服飾，再試著用描繪的方式記錄個人的服裝設計圖並分享彼此的構思，一起思考如何實踐這些設計。小人偶服裝製作能夠

幫助孩子將想法具體呈現，因此，孩子決定挑選幾個特別感興趣的服裝構想，採用小組集思廣益的方式，實現一個個服裝設計方案。

接下來，我們從班上提出的設計方案中，以「發光的衣服」、「會飛的舞衣」為例，看看老師如何幫助孩子根據不同的需求，進入學習區探究，打破既定的區域劃分，重新規劃與訂定名稱，並在這些學習區研究個別的議題。

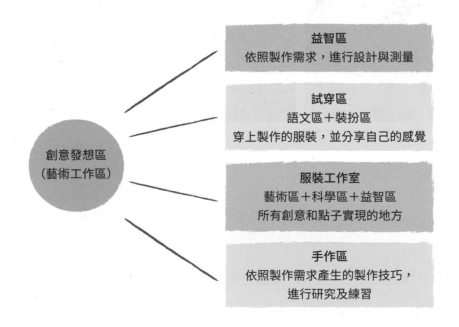

— 全新學習區規劃 —

創意發想區 / 孩子在創意發想區透過小組的形式，藉著自由表達自己的想法及進行討論，來獲得意見的交流與經驗的累積。

1 2 3

1 舞衣飄起來好漂亮，我想設計一件裙襬不會掉下來、會飛的舞衣。

2 我們喜歡蜘蛛人，蜘蛛人很酷！衣服上有好多的蜘蛛絲。

3 我會怕黑，所以想設計一件會發亮的衣服，讓我變得勇敢。

聚焦：我的主題衣服

發光衣

1 | 怎麼發亮

孩子在創意發想區討論如何讓衣服發光？並依照設計需求分析需要的資源，包括了一件衣服、一支手電筒，還有固定用的泡棉膠。但第一次的嘗試中，孩子在衣服上黏了手電筒，卻發現手電筒太重、嘗試了許多方法都會掉下來，因此想要改用在教室裡找到的裝飾小燈泡……。為了製作理想中的發光衣，孩子們陸續產生新的點子，也一邊尋找可以用來實現想法的素材，一邊到服裝工作室進行製作與修正。

孩子：把手電筒換成聖誕燈試試看。

孩子：用膠帶黏，一直掉下來，怎麼辦？

孩子：媽媽跑馬拉松，會用別針固定號碼布，我們可以用別針試試看！

然而，在固定裝飾燈泡時，也一樣遇到「要怎麼固定」的問題。雖然有人提出以「別針」這個素材來解決問題，但如何正確的使用別針？用什麼方法才能夠把別針的痕跡藏在衣服後面？都是「發光衣」小組必須要在服裝工作室與手作區解決的事情。

手電筒掛著太重了。

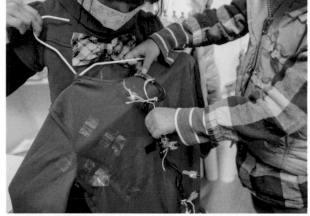

用裝飾燈泡加上膠帶來試試看。

2 固定的方法

在嘗試找出固定裝飾燈泡的方法時，小組決定將原來的衣服換成一件更輕的白色衣服，因為在路上更容易被看到。「別針怎麼用？」、「壓著打開，穿過衣服和燈，最後扣起來。」孩子謹記操作別針的方法，分工合作將一串聖誕燈別在衣服上面，然而操作過程中，孩子也發現了許多問題。

孩子：聖誕燈太尖了，手摸久了覺得好痛。

孩子：穿著衣服的人只能站在電源附近不能動。

孩子：想上廁所的時候需要別人幫忙。

後來，大家找到了另一種頭圓圓而且有電池座、可移動的聖誕燈來替換，再使用

襪子幫電池座縫了一個口袋，就可以別在衣服上！此外，大家還想增加在夜晚行走的安全性，打算在白色衣服背後綁上可以反光的 CD；實際執行時，孩子卻面臨不會「打結」的困擾；怎麼樣才能成功打結？打結的步驟是哪些？大家在手作區進行這些技巧的研究與練習，找到方法的孩子也會運用繪畫詳實記錄，再將圖表張貼在情境中分享給其他人觀看。

改成聖誕燈好像醜醜的，
而且用膠帶黏不住、一直掉。

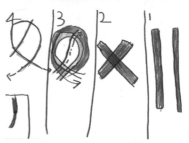

手作區研究出了打結的方法。

3 更好看、更好穿？

發光衣終於完成了！統整了大家的意見後，發現除了衣服真的能夠發亮，似乎不是原來理想中的發光衣。

孩子：衣服會發亮。

孩子：但是衣服會一直掉耶！

孩子：好多別針都被看到了！

裝上新的聖誕燈後會發光，
但是肩膀的衣服會掉，而且
別針都跑出來了。

孩子希望能把衣服上的別針藏起來，不然看起來醜醜的；而且肩膀的衣服會一直
掉，是不是要換一件方便穿脫的衣服？因此，結合功能性、實際穿著需求，孩子
想找出更適合的衣服，最後找到一件白色、可以自己穿脫的衣服再度進行調整，
發光衣的挑戰持續進行著……

孩子們為了維持別針固定的功能，又能達到美觀的目的，
發展出從布料的背後別上別針的藏針法。

藏針法讓一整排的別針都藏在衣服背面，正面不會看見會變得更好看喔！孩子找了另一件方便
穿脫的白色衣服來重新修正發光衣。

會飛的舞衣

1 設計與尋找

孩子決定要製作會飛的舞衣後，一開始的計畫是在服裝工作區用釘書針與別針，固定圍在孩子身上的布料，用最簡單的方式製作成裙子，並在裙子內黏上吸管，希望製造出蓬蓬的感覺。過程中，由於釘書機釘不住布料，最後孩子選擇用別針別住布料，並剪下布條做成肩帶，這樣裙子就不會往下掉了。但在試穿區穿上後，孩子們馬上就發現——黏上吸管的裙子，走路的時候相當不舒服。此時，由於班上有孩子穿著紗裙，與「會飛的舞衣」組最初想要的效果很相似，於是孩子們從材料的部分重新思考，找尋「沙沙質感」的布料。

1　2　3　　　1 用布料把身體圍起來就可以變成裙子了！
2 孩子將粗的吸管黏在裙子裡，想要營造出蓬蓬裙的感覺。
3 孩子發現沙沙的質感好像比較像蓬蓬裙。

2 測量的重要

然而，找到的「沙沙質感」布料因為沒有經過測量，也沒有更細膩的操作步驟，使得孩子很快就剪壞了好幾塊布。其實孩子曾經有過測量的經驗，卻因為太想使用布剪刀剪東西，而忽略了測量的重要性。為了避免這樣的狀況再次發生，服裝工作室中增加了更多元的素材提供孩子應用，找出適合服裝製作的「測量」方法。

孩子：項鍊可以轉彎，適合量腰有多大。

孩子：長木片是硬的，可以放在地上幫布畫線。

孩子：我會測量高度。

提取上個主題的舊經驗，孩子嘗試以不同的工具，包括：長木條、尺、塑膠鍊子教具等，測量身形（高度、腰圍等）與所需用到的布，確認後、才沿著記號剪下需要的大小，成功避免了布料被剪壞，或是剪下的布料大小不合用的情形。

左／一開始孩子都隨意裁剪，卻發現布很快就被剪壞了，後來加入了測量的步驟後，孩子已能自己剪出需要的布料。

右／孩子找出了測量的方法，並把步驟都記錄下來。

為了製造出「蓬蓬裙」的感覺，這一次，孩子透過日常仔細觀察的成果，改用摺與綁的方式製作裙子，將腰部的紗布摺出皺褶後再綁起來，就能做出很蓬的短裙，再用安全別針連接裙子與衣服，就能完成會飛的舞衣。這時，「發光衣」組練習過「藏別針」的孩子，也分享自己的實作經驗，一起加入幫忙、完成舞衣的製作工作！

孩子改用摺、綁的方式做出蓬蓬的裙子，再合力將裙子固定到衣服上，
最後終於完成了會飛的舞衣。

延伸：夢想胡桃鉗

學習區的延伸研究：自製服裝

教室情境中結合孩子的表徵和探究歷程，持續激發孩子對服裝設計的想像。另一方面，年度公演即將到來，甲蟲班孩子對於班上要表演的「胡桃鉗音樂劇」故事，

皆已相當熟悉且充滿著期待。尤其當孩子在語文區討論著胡桃鉗音樂劇的故事和角色時，孩子也分享了想要自己設計角色舞台服裝的想法。

左 / 孩子的創作作品都在教室情境中被適當的展示，提供孩子反覆檢視思考的機會；學習區中豐富的素材隨時能夠幫助孩子進行設計與創作。

右 / 孩子在學習區討論胡桃鉗的故事和角色。

藝術活動

胡桃鉗的衣服

藝術課程中，藝術教師播放了各式胡桃鉗的演出影片做為引導，讓孩子有機會可以仔細地觀察每一種舞台主題服裝的真實樣貌，並進行自己的舞台服裝設計。從引導影片中，看見不同表演形式所表現的服裝藝術，開啟了孩子對於演出服裝的想像，同時也突破他們對於角色的「既有印象」。例如：「老鼠」不一定要長得毛茸茸或是很可怕，也可以用顏色的變化來呈現老鼠可愛的感覺；或是「公主」不一定要穿蓬蓬裙，簡單的裙子也可以讓人看起來很像公主……而相同故事中的相同角色，也能有不一樣的服裝詮釋。

1、2、3

1、2 孩子發現透過局部的固定，可以讓布料產生立體效果。

3 在平面的繪圖創作上，利用不同的素材，以剪裁拼貼的方式設計出有趣的舞台服裝，除了讓服裝設計圖產生了半立體的效果之外，實物拼貼的材質也更接近真實服裝的質感表現。

為了親手設計出自己理想中的舞台服裝，孩子在創作過程中反覆思考著角色的特性，而過程中，藝術教師也為孩子說明了操作布料素材的方法。例如：利用不同大小、材質的布料，一層一層地相疊而產生不同的質感效果⋯⋯而「重疊」的這個概念，也帶著孩子看見了服裝多層次的美感與效果。

回到服裝工作室，對胡桃鉗音樂劇中「糖梅仙子」角色感到相當有興趣的孩子，對於角色的服飾設計已有了完整的想法。孩子決定融合之前在「我的主題服裝」的探究，用會發光衣、會飛的舞衣中的服裝元素，連結在其他學習區的發現與練習成果，實現他們心目中獨一無二的自製服裝。接下來，我們將以「糖梅仙子」為例，展現孩子們一系列的探究歷程。

從平面人物的構圖描繪、布料的挑選拼貼，到最後的立體裝飾……結合了服裝的製作能力以及對於角色人物的認識與想像，孩子創作出裝飾豐富且細膩的胡桃鉗服裝。

發光的糖梅仙子

1 設計發想

針對糖梅仙子的服裝，孩子提出了相當多的想法，含括服裝的造型、配件、顏色，以及他們腦海中對糖梅仙子的印象及感受。

孩子：糖梅仙子會飛、很可愛、會轉圈。

孩子：身上的顏色像糖果。

孩子：裙子要很蓬。

孩子：裙子要像棉花糖、鬆鬆的。

教師也引導孩子思索，原本尚在研究的服裝應該怎麼辦？胡桃鉗角色的服裝與這些創意服裝是不是能夠相互連結、運用？新舊經驗如何交織？有孩子認為，糖梅仙子會發光，而且要穿著蓬蓬裙，就用「發光衣」來進行改造吧！還有在「會飛的舞衣」方案中，研究出的蓬蓬裙製作方法也很符合糖梅仙子的需要。結合這些想法，孩子們的服裝改造也正式展開。

2 蓬蓬的棉花糖裙子

孩子在工作室進行服裝的改造活動，他們結合發光衣的燈泡發光概念，以及利用（紗網布條）和固定在鬆緊帶上做成的紗裙，完成了第一件糖梅仙子的洋裝，也透過蒐集其他孩子與班級教師的回饋，發現需要進一步改良的地方。

之後，有孩子在團討時間分享了家人自製的蓬裙——使用各色的條狀紗網布，採用「綁」的方式固定在寬版鬆緊帶上，就可以製作出多層次且顏色繽紛的裙子。這一次的分享不僅開啟「糖梅仙子」組的新觀點，也激發班上孩子不同面向的話題，原來「綁」不是只能用來打結，還可以變成衣服創作的手法。

孩子在實際進入工作室研究蓬裙的製作方法後，也發現兩個問題：他們需要練習測量紗網布條的長度，以及進行色彩的規劃，如此一來裙子才會符合需求，而不僅僅是學會怎麼綁就好。

1 2 3

1 服裝工作室中，孩子們以發光衣結合蓬裙，改造成糖梅仙子的洋裝。

2 孩子發現透過蓬裙的色彩設計與排序，可以做出更特別的裙子。

3 孩子利用椅背練習綁紗網布，熟悉技巧之後就可以幫忙製作出漂亮的裙子喔！而且紗網布條需要是裙子長度的兩倍長，對折綁在鬆緊帶上才會符合需要；顏色也要規律的排列，看起來才漂亮。

手作區中紗裙的綁法紀錄圖。

3 糖梅仙子的繽紛裝飾

完成糖梅仙子舞台服裝後，孩子也開始回顧先前在創意發想區的設計，並從情境中的小裝飾素材中找到靈感，決定增加更多關於舞台服裝的服飾細節。探索小裝飾的歷程中，有孩子分享只要把紗摺一半、中間再綁線，就可以變成蝴蝶結喔！此外，孩子也從教室裡的各色小串珠中，挑選出最像「糖果」的顏色，點綴在衣服上、完成糖梅仙子的繽紛裝飾。

1　2　3

1　孩子到發想區的磁鐵牆前，回顧之前大家設計的糖梅仙子偶裝，發現在衣服上增添小裝飾，可以讓衣服看起來更繽紛。

2、3　在之前的服裝提案中，孩子逐漸熟練「綁」的能力，因此也在服裝工作室用綁的方式，製作出可愛的蝴蝶結，讓糖梅仙子的服裝有更多的裝飾品。

統整：孩子的伸展舞台

藝術活動

不一樣的胡桃鉗

先前，孩子在教室發現了兩個身上沒有衣服的布偶娃娃，於是提出想幫娃娃穿上衣服的想法，並嘗試拿工作室的各種素材，結合在不同學習區累積的技巧，例如：藏別針、綑綁固定……等，逐漸為娃娃製作了專屬的衣服。藝術教師也以此為契機，決定帶著服裝製作能力更加成熟的孩子，挑戰立體的服裝設計與創作。

有別於先前豐富的平面服裝設計經驗，這次孩子即將挑戰更進階的服裝創作——幫人偶穿上衣服。因此，藝術教師先邀請孩子一同來製作人偶，並幫人偶設計出心目中的舞台服裝。教師帶著孩子整合先前的服裝製作經驗，以及對於各個舞台角色的了解，進行服裝設計圖的設計與描繪。

拿著自己所製作的超輕土人偶觀看，孩子對於這次要設計的舞台服裝已有了自己的想法，從服裝的樣式、顏色，甚至是額外的裝飾與角色配件，都在設計時納入思考。

事先製作好的超輕土人偶，可以給予孩子發想的靈感。孩子也將思考到的每一個設計，利用描繪的方式記錄下來。孩子的設計圖充滿了不同的人物風格，而這次的設計圖也將成為接著服裝製作的參考藍圖。

藝術活動

偶的服裝製作

上一次，孩子先為自己最喜歡的演出角色，在圖畫紙上設計了風格鮮明的衣服。

這一堂課，則將依照設計圖，尋找符合設計圖顏色與材質的布料，將設計圖的細節一一實現，幫小人偶穿上衣服囉！

創作過程中，可以看出孩子的能力有明顯提升，相對於最初的珍珠板人偶，這一次的人偶模特兒有著扎實的厚度，孩子需要以立體的視角，來進行服裝的測量與製作。而針對人偶身上的細節裝飾，孩子已能巧妙使用不同的素材與技法，進行真實的詮釋。例如：使用網紗綁出蝴蝶結、用縫線固定珠材，或是利用緞帶、鈕釦等進行裝飾組合……孩子開始會注意到圖案的對稱、顏色的搭配與運用、材質的特性等細節，讓人偶身上的服裝愈來愈豐富且充滿美感。

對照著上一次所繪畫的設計圖，孩子靈巧地將每一個細節真實詮釋，同時統整了先前所學習的創作概念，從無到有地製作出自己的舞台人偶。

故事改編

除了持續探究胡桃鉗的自製服裝，其他學習區同時也進行不同的方案活動，包含：故事的改編，以及穿著角色服裝，搭配著胡桃鉗的音樂，創造每個角色的動

作……屬於孩子的獨特音樂劇，在教室的多元學習區中一步步展開。

語文區，孩子一邊聆聽演出的音樂，一邊將他們腦海中的畫面，還有對於胡桃鉗的理解，透過口述或繪畫的方式具體表達，之後更挑戰加入自己的詮釋，改編成不一樣的故事情節；也嘗試設計出全新的對話。例如在故事的最後，老鼠一定會被打敗嗎？老鼠可不可以一起參加舞會？當孩子彼此的想法相互激盪、分享，就會浮現愈來愈多的新劇情，顛覆以往的框架，創造出更多的故事。

透過捲軸式的白色長條畫紙，孩子可以將故事串聯，變成有起承轉合的情節。

Fashion show 登場！

有了對角色與故事的探知，以及各種蒐集來的服裝與自製的衣服，孩子時常在裝扮區演出胡桃鉗。針對不一樣的職業與身分、不一樣的人物特質，一一發想不同的動作，例如：士兵需要趕走敵人，所以要抬頭挺胸、很有精神的樣子，動作也要有力氣，可以發出聲音嚇走壞人；糖梅仙子拿小雨傘當道具，動作要很大、很可愛，也可以轉圈圈，讓裙子飄起來感覺像是會飛的樣子。除此之外，孩子也想透過舉行服裝秀，將服裝設計方案的衣服和自製服裝都展現給大家看。

於是，孩子們在團討區討論與票選每件服裝的展示模特兒，以及負責服裝介紹的解說員，之後再進入學習區進行練習與意見交流。不論是走秀的姿態、動作、表情，還是說明的解說方式、內容等，各種籌備的工作都在孩子的齊心合作下完成，也在不斷的練習中漸臻完美。

活動當天，受邀而來的鄰近班級也一起參與這次的展演，教室外的走廊擺上長長的伸展台，熱鬧展開孩子的創意服裝展示秀。穿上自製服裝的孩子，自信十足的走上伸展台，並在定點擺好在學習區練習好多次的姿勢，擔任解說員的孩子也能流暢解說服裝的功能與特色，將每件特別的服裝和他們探究的成果，一一展現！

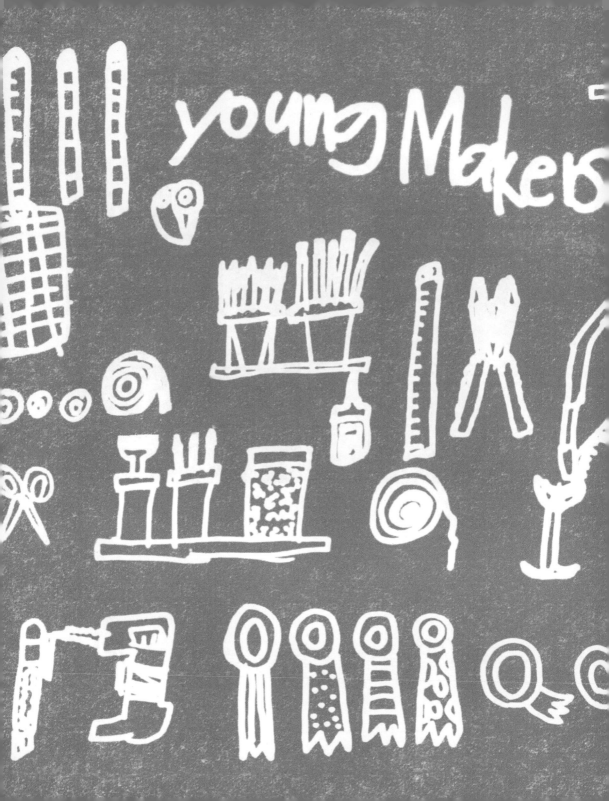

young Makers

4

安親班也可以不一樣

對於「安親」這件事情的想像，
四季跳脫了傳統盯作業、寫考卷的框架，
讓「英語學習」與「創客精神」彼此交融。

在這兒，安親不只是安親，更是一場實驗教育的創新之旅。

我們不做課輔，
我們要做實驗教育

四季藝術是創辦人唐富美為了兩個兒子辦的學校。但大兒子五歲入園，短短兩年後就準備念小學了。唐富美還是不找坊間安親班，決定自己來，在開辦第二間分校市政校時，於幼教部之外增設國小部，而且，「我們做的不是課輔安親，我們要做實驗教育。」

一開始的國小部不大，五個班而已，加上大墩校的畢業生，很快就招滿了。但這個小地方的企圖心不同凡響。那時坊間課後照顧機構分兩種，一種只上美語，另一種只上課輔。只上美語的 ESL（English as second language）學校有的雖然還是會上其他課程，但多半以美語統整，例如用美語教數學、科學、文法寫作閱讀等。唐富美不但美語、課輔都要，還納入藝術、體能課。

美語是大勢所趨，當然要做。藝術是唐富美自始至終的堅持，也一定要放進來。體能有點出乎意料，哪有課後照顧機構上這個的？但唐富美還是堅持，「腦神經科學研究證明，運動對孩子的智力發展非常有幫助。孩子在運動中有很多歷練，就像溜直排輪，常常會跌倒、遇到問題，要面對問題、解決困難，我想體能一定要上去。」

體能課程除了要提升孩子的體能與觀念，還注重包含動作精細度、運動精神、運動傷害等細節，好比如何在運動過程中保護自己、保護別人？幫助孩子學會關注、鍛鍊自己的身體健康，才是發展學習的基礎。

四季 ESL 的體能課程不只是基本的體能運動，專業體能教練除了基礎體能活動，每年還都帶領一個專業體能的專項，例如一年級打棒球、二年級踢足球、三四年級打羽毛球，五六年級打籃球等等，這些體能專項可以培養出跟著孩子一輩子的體育好技能，也把孩子的體能培養得非常好，所以，很多 ESL 的孩子都擔任學校球隊的隊長，或得到全國體育競賽的冠軍，連唐富美的三兒子到瑞士讀九年級，都還靠著在四季 ESL 學會的打羽毛球能力，不只打到瑞士全國第一，還在歐洲國際學校聯賽連拿八面金牌。

另外，許多暢談教育改革的人根本不碰課輔，但唐富美還是放進來了，「我自己是職業婦女，很清楚如果孩子沒有在學校把功課寫完，回到家又要吃飯又要洗澡又有其他事，一定很崩潰。」

四季把幼教部的全人教育方式帶到國小部，
孩子在學校大大小小的事情，級任老師都要照顧到。

建立更多不一樣的能力

這裡的班級經營方式很特別，直接由中籍美語老師擔任帶班級任導師，所有時間都跟孩子一起。不但要上美語課，課輔時間也得負責監督孩子作業，到了體能課、藝術課還是留在班上。

ESL 教學主管吳宜靜解釋：「國小階段的孩子，行為發展在起步階段，成熟度還沒穩定下來，級任老師像是孩子在學校的爸爸媽媽，非常重要。我們不只要找一位美語老師，而是一位教育家。」四季國小 ESL 希望把幼教部的全人教育方式帶到國小部，孩子在學校大大小小的事情，級任老師都要照顧到。

許多人會覺得小孩放學後光寫功課就占掉大半時間了，還要上美語，哪有時間再撥出來給藝術、體能，但仔細看看四季國小 ESL 的時間規劃，真的做得到。每天課輔，也就是寫作業的時間至少有一個小時，一週的美語課程高達八至九個小時，「你可以想像，如果我們大人每週都有八到九個小時的時間精進美語，六年下來應該有博士等級了吧！」吳宜靜對這樣的時數相當有信心。

能夠運用時間為孩子做多元安排，另一方面也在於課輔的操作方式不同。一般坊間安親班在孩子寫完作業後，多半會主動發評量卷幫忙複習或預習課業。但在四季國小ESL，孩子真的寫完作業就好。月考前有加強輔導週，開放孩子留到八點，有意願的，自己準備評量卷練習，老師協助安排時間、批改、訂正，不熟之處再講解。

「如果孩子要花很多時間複習、預習、寫評量卷，上課就是不專心。」吳宜靜表示。學校課堂本來是孩子要付出最大精力專心學習的地方，假如孩子做不到這點，當然可能學不好，到了安親班只好再花一次時間學同樣的東西。當然還是有孩子認真學卻學不好的情況，但這不會是多數，一味拉長學習時間也不見得有效。家長、老師應該進一步了解原因，有些是學生無法理解老師的講解方式、有些是學生不喜歡老師所以不聽課，和理解能力不見得有關。

吳宜靜以她遇到的一個三年級孩子為例，數學怎麼教都錯，即使非常簡單的題目，教完訂正兩三次繼續錯。爸媽氣炸了，想把孩子轉到數學補習班。但老師們觀察，孩子平常的學習表現沒這麼差啊，只是遇到數學就反常。深入了解，原來在家數學卡關時，家長指責非常嚴厲，孩子久而久之心生恐懼，看到數學腦筋就當機了，成功經驗太少讓孩子忍不住想逃。學校一方面和家長溝通，請爸媽先不要教孩子數學了，另一方面也和孩子聊，希望他和老師一起努力面對數學。打開心門後，真的慢慢拉起來。

少了重複花在課業上的時間，四季國小 ESL 的孩子反而有機會建立更多不一樣的能力。美語課的目標放在語言使用的自在度與流利度，加上適當的文法學習。體能課不只培養體能，手眼協調能力、團隊合作能力都能從中發展。藝術課培養的美感能力，在人生各階段都非常受用。

「畢竟我們面對的是國小的孩子，還不知道將來的工作要往哪個方向，」吳宜靜表示：「多元學習的開展應該比單一學科的專精來得重要。」

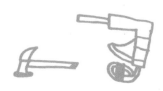

藝術創客、美語創客的協作

這幾年四季國小 ESL 開始結合藝術美學與創客實作的精神，將原本的藝術課程轉化為藝術創客課程，並加入一堂美語創客課程，期望運用設計思考的概念，將動手做解決問題和科技運用的方法，融入藝術創作與美語學習中。過程中利用創造力（Creativity）、溝通能力（Communication）、互相合作（Collaboration）以及批判性思考（Critical thinking）的4C 教學，不管在什麼樣的主題，都輔導孩子們將這 4C 的能力運用到課題當中。

「藝術創客」（簡稱藝創）及「美語創客」（簡稱美創）課程，在低年級每週各有八十分鐘，中年級因為回來時間短，隔週輪替上。創客的重要性其實就是解決問題，四季最特別的地方是帶入藝術課程。藝術老師在藝創中扮演的角色是一個技術與視野的開啟者，例如工具要怎麼使用、帶孩子看見一件事情不同的處理方法等，把豐富的美感元素帶入生活。美創由美語老師帶領，全程以美語進行，隨著藝創的活動發展進行課程的銜接與延伸，孩子在其中運用數位工具蒐集需要的資料，大量使用美語進行聽說讀寫的討論、記錄、腦力激盪。

實作由藝術老師進行，同樣會有不熟素材的情況。例如有的老師學水墨出身，可是一年級要進行服裝製作。這時藝術老師有備課會議，課前大家先試做教案，不會的人都要趕快學會，例如基本的工具操作事項、安全事項。國小部開始有些大型機具，像是鑽孔機，老師要知道操作方法才有辦法帶領孩子。

儘管如此，藝術老師在引導技巧及美學素養上顯然順手許多。光是素材的使用，一般教師只知道拿白膠黏東西，但藝術老師上課時，會告訴孩子可以做膠畫，做樹幹時用白膠擠在上面，乾了再上一層色彩，可產生紋路。

課程設計的視野也不太一樣。走布料時，藝術老師會介紹布料工廠、布料設計師，三宅一生怎麼設計出摺衣、藝術家蒙德里安與服裝品牌 YSL 之間的關係。做服裝前，藝術老師還先帶了一個「動動我的身體」的作品，教孩子以鋁線做出人物肢體造型。

實作過程中，儘管藝術老師不會特別教，孩子還是會運用到許多學科能力。例如裁切木頭，有個學生要做出高九十公分、寬六十公分的箱子，於是切了九十公分與六十公分的木板，卻發現怎麼都合不起來，研究很久才發現木頭有重疊的地方，木頭的厚度也要計算進去才正確。藝術教師陳尚仁表示：「那個就是數學，我沒有在藝術課上數學，但孩子在創客中能夠真正運用到上課學的，變成一個技能，不只是功課而已。」

學用合一，孩子變得不一樣

美語老師則可回歸專業。身為帶班老師，學生上藝術創客時，他們也在課堂內隨時記錄、協助，藝創用到的工具、對談都可成為下一堂美創的內容，引導孩子將所經歷的事物都轉換成美語表達出來。老師是課堂上的提問者與諮詢者，上課先用投影片放出前一堂藝創的學習歷程，請孩子用美語告訴大家自己做了什麼事情、遇到的困難，引導孩子說出在藝術教室使用的工具，或是許多步驟的動詞、句型。

將大家的問題盤點出來後，就是分組討論時間，一樣用美語討論解決方式，不懂的可以問老師、或是上網查。學校配備二十幾台 iPad 供各班輪流使用，即使是檢索的關鍵字也得用美語，檢索出來的資料、影片也全都是美語。孩子們為了搞懂這些東西，得不停重複聽、重複看，大幅訓練美語聽說能力。

為了在美語創客課程順利過關，有的人還會在課餘時間主動跑去問外師：「We are going to use this in our art class, but we don't know how to say that in English.」外師解釋完可能繼續問：「So, what are you going to do with this tool?」孩子們繼續解釋的過程中，許多相關的詞彙、句型就這麼跑出一大串。

當孩子釐清問題的核心回到藝創後，藝術老師會再針對孩子的想法進行協助，例如可以參考的藝術家風格、適合的創作素材，或者孩子面對問題時的個別化指導。每次的探索都讓孩子們有更多自主發展的空間，教師只是提供一個目標與方向，但如何去執行則要依靠孩子自己的安排與規劃。

市政分校的外師史塔佛（Nick Stafford）表示：「孩子直覺的學習這種語言，不只是單純背單字，而是了解這些單字背後的意義，以及與生活中的關聯，所以他們能夠真正記住這些單字。在他們拼出這些單字的時候，已經知道單字的意義、語境、用途。我相信這是非常有幫助的學習系統，十年後大家都會使用這種方法學習。」

當學期結束、作品完成時，孩子在語言、美感、手作、設計思考、團隊合作、解決問題的能力都培養出來了。有個孩子上完課後，決定自己做條領帶送爸爸。她希望開發一條很好打的領帶，還特地研究爸爸的領帶怎麼打的，自己找布做出來。爸媽看到她做出一條戴得出去的領帶，都直呼：「孩子真的不一樣了。」

最近剛為四季 ESL 教師進行「設計思考」師訓的逢甲大學創意學院謝銘峰教授，在幾次進班看課後表示：「真的佩服！我其實覺得台灣最成功的教改就在台中，四季藝術的能力是可敬的。現在教育界愈來愈重視的未來人才，四季藝術所做的事情未來對整個幼教體系應該會帶來莫大的衝擊。不過，我更期待四季能在校園外做點什麼。把藝術拿來統合各個學門或作為認識世界的方式，是非常值得宣揚

的。台灣的公民素養與美學極度缺乏，沒有美感這件事是很嚴重的，因此，四季藝術所做的事格外重要。我們的城市有太多不美的證據，美的世界很重要，讓孩子要有美感的基礎，未來他們會變成家長，在不同的領域工作影響社會。很多時候不是設計者沒有美感，而是決策者的關係。感佩大家在如此基層的教育中有如此的付出，相信孩子會用他們更好的未來回報大家。國際級的四季不能只在台中，應成為台灣新的教育理念模範。」

儘管走的不是體制內教育，四季國小 ESL 並不因此放棄創新教學，孜孜矻矻的打造一個創新學習環境，鼓勵孩子動手解決問題。在《親子天下》「教育創新100」的募集與競賽中，獲得了「創新 100 教學團隊獎」與「教育創新領袖獎」的肯定，更讓團隊堅信了自己走在對的道路上。

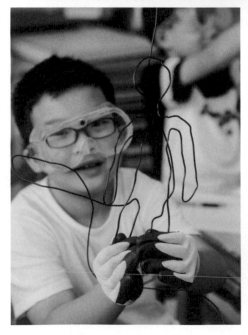

○ ○ ○ ● ○　　藝術創客、美語創客的協作

左 / 從一開始的素材探索、工具使用，到發想設計、規劃創作、修正調整，孩子在不同的階段歷程都能享受動手做的樂趣。

右 / 在藝創的操作嘗試與美創的問題討論和解決歷程的反覆循環中，孩子成功打造出可以舒適穿戴，同時兼具美感考量的面具創作。

用美語向世界 say hi！

四季國小 ESL 強調全美語的環境，而不是一個美語學科的學習，所以孩子進到四季之後，最主要的溝通、教學語言就是美語。

這一堂，台上孩子正在進行一場場脫口秀，討論極端氣候。過了幾堂，他們拿出自己做的迷你動物屋，告訴你不同動物的特徵、喜歡的居住環境。再過幾堂又變了，同學分成小組進行音樂發表，有的唱 RAP，有的是杯子歌。這麼多琳瑯滿目的才藝表演，都是國小部美語課程的一部分。

四季國小 ESL 希望引導孩子用美語去學各種學科的知識，假如今天的主題是外太空，孩子可以運用他們所知道的科技知識，甚至辦一場辯論會，辯論「外星人是不是真的存在」的議題。

「我們的目標一定是學好美語，但我不要填鴨，我們要把幼教部的創意教學帶進來，要開放式的學美語。」創辦人唐富美開宗明義指出，四季國小 ESL 美語教學的最大特色。

秉持這種「從做中學」、「從生活中學習」的精神，當年國小部第一學期的美語課就有烹飪。事前老師先教相關的單字、句型，接著分組。假如是做沙拉好了，各小組可以自己決定沙拉怎麼做，但過程中討論、對話都得用美語進行。真的遇到不會講的可以偷偷問老師。最後除了做好的沙拉，還得把自己這份料理的製作流程用美語寫出來。

烹飪之外，有段時間學校則是將美語課結合自然科學，全程以美語聽說讀寫做實驗。多了這麼一個動手做的過程，小孩超喜歡上課的。

除了學語言，也培養其他能力

四季國小 ESL 的中外師協同帶領，充滿了雙方對於課程深度的大量對談與創意思考，提供孩子深入且豐富的生活體驗，並從中探討與學習。如第五級第一課是極端氣候，外籍老師上課前先拿一個包包，告訴大家這是颱風天來臨時，他會準備的急難救助包，請同學猜猜裡面有什麼。猜的過程大家講了好多字彙，接著老師把包包裡的東西一個個拿出來講解討論用途，同學聽了、學了，生活中很容易用得上。第三課的主題是音樂，一進入課程，真的請人到班上自彈自唱給同學聽，

唱完大家要問問題訪問這位樂手。

美語課除了教美語，也帶著孩子在學習語言的過程中培養其他能力，每次結束的團體作業時間就是一場大考驗。學校曾經舉辦小型專題討論會，由同學分組利用 Prezi 這套線上簡報軟體向另一班做簡報，過程中孩子要用電腦搜尋資料、圖片，互相討論、最後真的做出一套投影片上台報告。老師在這個過程不是負責教學，而是類似顧問接受諮詢，完全放手，充分訓練孩子溝通、合作與使用科技的能力。

幼教部有年度公演統整孩子的學習，在國小部更被發揚光大。在美語嘉年華中，孩子們會體驗到更大的製作，包含歌曲、編舞、舞蹈，以及從劇本中練習台詞。孩子從美語台詞的學習中獲得許多成長，不僅能幫助他們重視自己的發音、加強自信心，同時也不乏寫作的元素。

除了「美語嘉年華」讓各班展現學習成果外，還有個人演講比賽、拼字大賽、朗讀比賽。這些比賽多為跨校，各班選出前三名後進入複賽，各校前三名還可以參加跨校聯合比賽。演講比賽小孩要自選主題寫出稿子，老師修正後錄音回家反覆練習，自己加上動作、道具，不自覺中學習到更進階的演講技巧。朗讀比賽不用背稿，每學期有五本課外讀物，老師現場指定一本唸出來。拼字大賽每一回合聽寫二十題，入圍前五名後立刻參加複試，錯了就下去，看誰留到最後就是冠軍，非常刺激。

「這麼多不同比賽的好處是，可以看到孩子不同專長，」北屯校 ESL 行政主管沈子涵表示，演講比賽需要背稿，有的小孩雖然語調漂亮、肢體動作也好，可惜就是背不起來，這時朗讀比賽很適合他。有的小孩不善於細膩表達情感，怎麼唸都硬硬的，快問快答的拼字大賽就沒這個困擾了。

四季藝術把學美語這件事情，藏在各種好玩的活動裡面，「美語拿來用的時候，孩子才學得到，」唐富美表示，讓孩子沒有機會說出「學美語要幹嘛，又用不到」這句話。

上／從課堂單字、文法教學到專題行動，孩子擁有許多與小組共同參與的任務，當課堂裡總是充滿了孩子的美語討論，無形中激發孩子產生更多的美語學習需求。

下／每一次的美語嘉年華，都能提供孩子在舞台展現自我的機會，一路上帶領孩子練習與成長的教師，也能對於現場教學的意義有著全新的體會。

培養未來的好公民

教室裡一片安靜，原來孩子正在看影片，每個人全神貫注，半點聲響也沒有。四季藝術每年舉辦愛心義賣園遊會，所得款項全數捐出。園遊會前，各班老師會向孩子介紹受贈團體，讓他們知道自己將要幫助哪些人。孩子驚訝於世上有這麼多不幸，看完影片後，很努力參與籌備。

「我們會跟孩子說：這些人跟你一樣是幼兒園小朋友，可是他們沒有爸爸媽媽。」黎明校教學主管詹心儀解釋：「我們也會跟孩子說捐助的錢院方將怎麼用，他們會有同理心。」

四季藝術一向重視品格與生命教育，從照顧小生物、種植植物開始，讓孩子對生命「有感覺」，在不同主題中學習主動照顧、付出，進而關心社區，認識公民責任等議題。

最早這個活動只是單純的園遊會，各班出節目找家長一同參與，大家有吃有喝有玩，熱鬧一下就結束了。十幾年前開始，園遊會進一步融入愛心，每年每個校區各自尋找公益團體捐贈當天義賣所得。另外有「城鄉交流計畫」，招待偏鄉小學的學童參加闖關遊戲，會後再安排孩子參觀台中市其他景點、展覽或演出，看看城鄉之間不一樣的風貌。

許多家長對於這樣的公益活動大力響應，當天現場賣的東西幾乎都是家長捐的，帶孩子玩闖關遊戲時，好多人都跟關主說：「不用找零了啦，反正都是要捐出去的。」以西屯校為例，最近一次的跳蚤市場家庭組數來了 657 組，幼教部與國小部的孩子幾乎全數到齊，當天九點到十二點短短三個小時，就募集約 26 萬元，家長力量相當可觀。

西屯校園長吳家秀表示：「孩子必須要對事情有感覺才有辦法付出關心，只聽我們一直講而沒有實際的行為，他會覺得只是一個口號。」活動前後是一連串細膩的鋪陳與延續。孩子們事先看到機構的介紹影片後，有的班級還會帶孩子親自去拜訪弱勢機構，老師會帶著大家思考可以為這些孩子做什麼事。許多孩子知道自己只要認真參與課程、從課程中認真發想活動吸引大家參與就可以幫助別人，都非常賣力。園遊會當天每個關卡都要付錢才能玩，老師會事先和家長溝通，儘量不要直接給孩子錢，可以請他們做家事，如倒垃圾、摺衣服，一點一滴累積起玩遊戲的零用錢。

「大部分的孩子在生活中都是被幫助的，最怕是有些孩子永遠覺得自己沒有能力要被幫助，他們比較小，可以從這個部分去建立一些價值觀。」黎明校教學主管詹心儀表示，小小孩比較自我中心，有時為了一些很小的事情就和同學起爭執。但是看到機構的小孩，有些沒有父母、有些行動不便，或是各式各樣的身心障礙，大家才知道自己多麼幸福。許多小朋友變得比較為他人著想，遇到意見不合時，會試著用好一點的方式解決事情。

有的孩子之後真的把幫助別人這件事放心上。有次園遊會結束了，錢也捐了，一些孩子還是掛心跟老師說：「那些小朋友沒有爸爸媽媽，也沒有人會買玩具給他們，可不可以把我們做的玩具送他們？」老師聯絡帶孩子一起送玩具過去後，對方十分感動：這些孩子真的想到他們，把關心延續到生活裡。

四季藝術除了帶著孩子發揮愛心，自身也不落人後。學校成立第三年就遇到九二一大地震，那時只有一個校區，根本沒賺錢，唐富美還是自掏腰包買了許多水電材料與民生物資，送到埔里、車籠埔等重災區，後續又派老師輔導災區學童，辦了好多次的親子導讀等活動。

最後，意外的在城鄉交流活動中，發現了亟需幫忙的偏鄉學童。因此，除了每年提供社區低收入孩子免費就讀和生活協助外，四季藝術也認養偏鄉孩子，讓學校的愛心有機會為更多真正需要的孩子帶來實質的溫暖。

為偏鄉教師舉辦培訓研習活動

不同於普遍蜻蜓點水、在寒暑假發動大學生或志工，透過短暫的教學讓偏鄉孩子參與活動，做出作品後離開的模式，四季藝術想要培養的是長期陪伴在孩子身邊的教師，以便長久的落實教學品質，於是決定為偏鄉教師舉辦幼教與藝術師訓的研習活動，由經驗豐富的幼教教師和專職藝術教師設計教案，再以工作坊形式，為偏鄉教師進行研習培訓。培訓課程結束後，四季藝術還貼心為偏鄉教師的班級孩子準備了整個學期的藝術素材，讓教師可以帶回去運用在班級的實際教學中。

參與過相關師訓的石角國小昱慧老師說：「原本我應該非常開心放寒假，卻不知道為什麼，突然發現自己開始期待開學的到來！希望把學到的帶給我的孩子們……」希望能幫助參與的偏鄉教師充實教學能力與資源，再帶回原本的學校，播下富啟發性與創造力的藝術美學種子。

延伸師訓對於孩子發展重要的影響力，四季藝術 2019 年也成立師培中心，透過更完善的幼兒教育、藝術教育等教學模式的師資培訓，除了幫助更多現場教師打開視野、提升教學概念，進而幫助更多孩子的學習，改善台灣教育現況。

2011 年時，學校進一步將這些行動制度化，成立四季藝術教育基金會，並將市政二校納入基金會底下，該校所有盈餘全數轉作公益。董事會成員除了唐富美及校內園長，還廣納社會賢達。逢甲大學建築專業學院院長、同時也是董事之一的

黎淑婷大讚：「他們請到的董事非常厲害，很有理念。」董事除了來自教育、財經領域外，包含許多藝文界人士，如 2018 台中世界花博設計長吳漢中、前高雄市立美術館館長謝佩霓和大開劇團團長劉仲倫等人均曾擔任。

成員多方思維激盪下，基金會在公益活動有不少特殊做法。除了捐款弱勢團體，為了鼓勵藝文活動，他們也長期捐款給雲門舞集、極致舞團等藝文團體。原本只有園遊會才幫弱勢團體募款，現在年度公演也加入募款行列，把餅變大。學校教職員每兩個月都去惠明盲童育幼院擔任半日志工，校方也成立「小天使樂齡服務計畫」，每年帶領國小部孩子到日照中心陪伴長者。曾經有位學生家長很不認同，向老師抗議：「我的孩子是來學習的，不是來當志工的，也不是來照顧老人家的。」想不到孩子回來後改變很多，會主動關心家裡的長輩，因此媽媽在好奇之下又帶著孩子去了一次，自己也受到了很大的感動。

看到美國有位蚊帳大使凱瑟琳，開始為非洲地區募集蚊帳、抵禦瘧疾威脅時只有五歲，另一位女孩海莉種菜造屋幫助流浪漢時也才九歲，在黎淑婷建議下，基金會也在 2017 年推出「兒少公益行動圓夢計畫」，鼓勵國小到高中學生觀察周遭，自己構思出一個有意義的公益行動計畫，得獎者將可獲得獎金圓夢。

以四季藝術為平台走入社會，唐富美當年的理想正在逐步落實中。

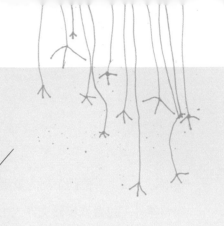

每所學校都應該像四季藝術一樣

美國賓州州立大學榮譽教授 **布蘭特・威爾森**
Brent Wilson

我已經拜訪過四季藝術幼兒園三次了。而每次我拜訪得到的結論都是：世界上的每一所學校都應該像四季一樣！

我在四季看到各種多元的活動，孩子跟老師協同，一起在他們決定的主題上進行學習旅程，像是輪子跟腳踏車，師生一同探索各種不同的可能。他們開始研究輪子，之後又研究兩輪、三輪腳踏車的組成零件，以及運作的方式，科技與藝術就這樣被整合起來。在他們拆解腳踏車的同時，也在建構知識，然後去發明新型的腳踏車。這是一種最好的幼兒遊戲，結合了引導式的協同，每次我看到這樣成果總是感到非常興奮。

建立對生活議題的連結，對孩子來說是一種挑戰。在四季的小生物主題裡，孩子和魚、小青蛙等小生命的相處中，發現魚會因為水草太擁擠、沒有空氣而死掉，那人會不會因為沒有空氣而死掉呢？當人類把現在的環境變得很壞，我們有什麼樣的方式，讓天氣變得比較舒服、更適合人類居住？這個魚的例子就

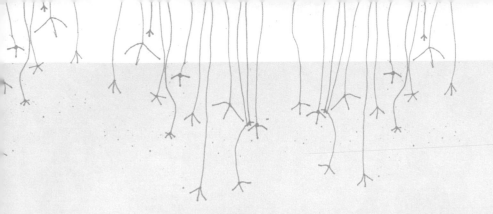

非常適合延伸這個議題，因為孩子看到魚的危機，就有機會反思到人與環境的議題上。

根據教學空間理論，孩子會經歷三種學習與教育的空間：第一個學習空間是孩子自我建構而出的「自學」空間，例如孩子因為自我的喜好、內在的需求，自發性的拿起畫筆圖畫、創作，或者述說自己的故事。第二個空間則是指學校、博物館、美術館等可為孩子帶來學習的正式與非正式教育機構，在教師的思考與引導下，開放孩子進行學習的空間。而第三個空間則是一種「互動」的學習空間，例如與父母等成人進行互動，在平等的關係中合作，與成人一起遊玩、創作，產生的共同學習與成長空間。第二個教師帶領學習的空間，會受到第一與第三個學習空間的影響，產生出更好的學習環境。

在我的觀察裡，四季藝術就是非常好的第二個學習空間，如果我年輕一點，我會想來這間學校教書。

我問過學校的創辦人唐老師：「台灣有其他學校像你們一樣嗎？」她的答案是：「大概沒有。」

不僅台灣沒有類似的學校，即使世界的其他角落也沒有，因為當中很多獨一無二的特色和品質是四季才有的，這些特質雖是源自台灣的文化，卻也是在世界上最好的學校中才會被看到的。

5

人才與管理

一項產業的持續創新，需要優秀人才的持續投注，
而優秀人才的「選、育、用、留」，在傳統的幼教產業其實付之闕如。

但不斷跨界汲取新知的四季主管團隊，
大量向科技、管理、服務等不同領域取經，
為看似傳統的幼兒園，注入創新的 DNA。

做孩子生命中的貴人

「這麼新的教育方式，希望全台中都來推廣。」站在大禮堂的舞台上，前台中市副市長張光瑤對著台下滿滿的貴賓說著，前市政府教育局長、也是現任國教署署長彭富源，和逢甲大學董事長高承恕等人均親臨現場。幼教系學者、幼兒園園長、老師更是出席者眾。

不知情的人忍不住好奇，這到底是什麼重要場合，居然來了這麼多大人物。

活動的主人是四季藝術幼兒園。在台中，這幾乎是每位家長都聽過的名字。當少子化浪潮嚴峻衝擊各級教育機構時，四季藝術卻年年招生爆滿，一位難求，甚至有人小孩一出生就先來報名等著。這裡也是各校幼教系、幼保系熱門的參訪、實習園所。身為業界龍頭學校，相關科系學生若要到四季藝術進行為期半年的大五實習，通常成績要夠好才搶得到名額。

能在業界、學界都受到肯定，從 2017 年舉辦的這場兒童教育展可以一窺端倪。

辦展場地在黎明校、台灣第一座獲得鑽石級綠建築的幼兒園。隨著導覽人員在十三大展區中穿梭，現場蒐集超過 600 件孩子的學習歷程與藝術作品，有顏料加上白膠、砂土做出來的潑墨畫，還有孩子自己從校園內撿拾樹枝、果實、葉子設計而成的井字棋遊戲。移動工具不只有車子而已，當中包括孩子的發想過程、設計圖羅列在側，完整呈現孩子嘗試、失敗、再嘗試，發現問題、解決問題的過程。每件作品都是孩子能力的展現，不經提醒，很容易忘記他們只有三到六歲。

扎實的教學成果背後，是四季藝術創辦人唐富美及教學團隊二十多年來的努力。看似一帆風順的發展，過程其實非常辛苦。

善用科技做管理，重視人才培育

唐富美年輕的時候做過室內設計師，也曾在信義房屋任職，是信義房屋董事長周俊吉特意栽培的人才。除了業務的歷練外，公關部門、代書部門都待過，怎麼跟記者溝通、撰寫產業趨勢新聞稿，甚是會計、電腦、設計各單位的運作，她都能嫻熟掌握。

後來，周董事長派她下台中展店，她依序把各個部門成立起來，只要有人離職，她都請他們延後十五天，寫出工作說明書再離開，就這麼把每個部門的工作說明

幼教老師的熱情和創意，
正是台灣未來幼兒教育的最大資產。

書一一建立完成，台北總公司還拿去沿用。台中展店穩定之後，她才辭職幫先生
創業。

當時完全想不到，這些辛苦磨出來基本功，會成為四季藝術幼兒園在經營管理上
的重要養分。但唐富美並不以此為滿足，她重視人才培育，一心為孩子找到、留
住最好的老師；她善用科技，提升工作效能，讓老師專注教學，把時間都放在孩
子身上；她積極培育師資，鼓勵幼教新血投入，讓年輕老師知道，擔任幼教老師
是一件多麼棒的工作和人生選擇，也讓他們看見，因為自己的付出，孩子的學習
和人生可以多麼不同。

為了幫助老師找到教學方向，發展優秀的課程，唐富美逐步建立起一個架構分明
的教學體系，一開始的讀書會不夠，她找大學教授進班輔導，力圖將書本上的理
論化為實務落實。但只有教授不夠，她又把表現好的老師拉上來當主管，協助輔
導帶領其他老師。但主管還有其他行政工作經常分身乏術太忙了，近幾年，她又
首創巡迴輔導教師一職，老師不帶班，專門輔導第一線老師發展課程。

為了鼓勵、刺激老師精益求精，各種獎勵措施外，每次主題課程結束後，所有老
師都要進行課程整理和課程分享，最終選拔出來的特優課程將納入教育訓練中，

做為新進老師的重要學習典範。此外,透過外聘講師、內部講師,協助夥伴建立各職務的典範學習,不論是微影片拍攝、工作說明書建置、工作坊開課,都是為了縮短各職務的學習時間,更快適任,甚至躍升下一個職務。

四季教育學院的設立,正是做為學習的重要平台、幫助夥伴了解各職務的學習地圖,透過實體、線上課程、書籍等,協助夥伴取得職務相關的知識與經驗。

這一切努力的背後,全是因著唐富美心心念念的「幼教老師的熱情和創意,正是台灣未來幼兒教育的最大資產」。

右／ 教育展於獲得鑽石級綠建築的黎明校區舉辦。展出四季藝術具體實踐瑞吉歐教育模式的內容,透過藝術教學與幼兒教育的統整,展現以孩子興趣為主,培養孩子獨立、主動積極、美感、創意及解決問題能力的教育歷程。

讓人才一起樂在工作

從第一間學校大墩校開始，唐富美有個理念始終堅持：「我們要辦最好的學校，給最好的人才在這裡一起工作，然後給孩子最好的教育。」

瑞吉歐沒有固定的教學大綱，老師的任務是觀察孩子，傾聽他們的需求和故事，從而發現他們的興趣並加以引導，對老師的要求非常高。剛創立時，台灣根本沒有人知道瑞吉歐教學法怎麼進行，她們抱著一本本瑞吉歐相關書籍苦讀，卻怎麼做都不對勁，有時候開讀書會，老師開著開著就因為挫折感難過到哭了，離開者不計其數。為了搶到最好的人才，唐富美決定祭以高薪策略，第一線的幼教師起薪就超過四萬元。創辦初期還在賠錢的時候，每年依舊發放各式獎金給老師們，連續虧損六年才漸有盈餘。

高薪能吸引好人才，接著還需仰賴各式各樣的教育訓練，確保同仁都能跟上腳步。所以在 2010 年成立人才發展部門，有好幾位專業人資負責協助教育訓練與人才培養工作。

新進教師不管有無教學經驗，七月到職，正式接班前會先有兩個星期密集的教育訓練，如親師溝通、協同教學、統整性方案課程、園所規章，還有許多線上系統需要熟悉。考量短時間不容易吸收這麼多新訊息，四季的線上教育學院也同步播放這些教學影片，方便新進人員複習內容。看完後填寫問卷才算通過訓練，拿到時數。

新人師訓多半由校內資深老師、巡輔或主管擔任講師，巡輔老師以上就會有像中華人力管理資源協會等不同的外訓，2018年起，校內主管師訓採用哈佛案例研討的模式，由唐富美親自主持，透過現場實際管理案例，帶著主管討論對談，找出最佳決策模式，加快主管的培訓速度。到了主管職，如教學主管、行政主管、園長職級，多半派外訓，隨時搜尋校外適合的課程、論壇、講座建議主管上課，如教練式領導力、核心幹部培訓。台中教育大學有園長班，這是假日課程，學校會補助一半費用。2014年起，四季藝術參加勞動力發展署TTQS人才發展品質管理評核，由唐富美帶領園長與高階主管、人資主管參加一系列教育訓練與職能發展課程，並在專家輔導下，將原本土法煉鋼的教育訓練調整成符合PDDRO（Plan計畫、Design設計、Do執行、Review查核、Outcome成果）評量流程循環的策略性訓練體系，讓人才培訓更加扎實。

新人師訓內容非常完整，從四季藝術校園文化、到主題的開啟、方案的延伸、學習區的經營都有。包括兩位帶班老師的協同教學、幼教老師與藝術老師的合作、班級一日作息、課室管理、學校數位系統、各種資源、表單、工具的使用方式等。

帶班前是第一階段的教育訓練，兩週內上完。帶班後進入第二階段，針對新進老師容易遇到的問題集中講解，例如親師溝通。許多老師發現家長百百款，這時講師細膩分為不同類型，告訴老師不同家長可以有的相處之道。

新人師訓結束，不代表教育訓練結束了，這是個綿延不斷的系統。教育訓練由實驗班教學主管、普通班教學主管，以及教學行政主管組成的教學組負責，針對教師成長原本就安排了各種教育訓練模組，新老師有新老師的，班級組長、班群組長等等資深教師也有自己的課要上。平常方案課程發展前中後，教學組也會視每次的教學主題及老師課程進展的情況安排課程，會有讀書會、工作坊、方案預想說明書導讀，或是請校外專家學者前來進行專題式講座。這些課程每年都會視現場需求調整。

每學年老師有教師評核，分為自評與主管複評。表現優異的，校方期末會給予公開表揚和紅利獎金鼓勵，針對老師較弱的環節則加以輔導，提升老師解決問題的能力。輔導可能由搭班組長、班群老師、巡輔教師或教學主管著手，也可能安排適合的課程進修。教育訓練課程涵蓋廣泛，老師時常需要幫孩子拍照，所以有攝影課，因為方案課程發展需要所以有植物學、有機食物烹飪課，因應教師身心需求，還曾開了精油按摩、插花美學和茶道課。

為了提升老師及整個園所的視野，每兩年，學校不惜重資舉辦海外參訪，帶表現優秀的老師與主管參觀國外的瑞吉歐學校。香港、韓國、美國、義大利、德國、

芬蘭、澳洲都造訪過。

老師有教育訓練，主管更是少不了。唐富美表示：「每個園長跟主任都是幼教老師上來的，他們很感性，原本只是想要當個陪著孩子長大的老師，不會想到有一天要當主管，缺乏管理的經驗、理論、架構，要帶著他們去成長。」

學校創立二十餘年來，拉拔主管的辛苦，唐富美最清楚。早年即使有園長、所長，由於都是幼教老師出身，行政、財務、總務、管理都不熟，她只好讓園所長專職教學輔導、研究，其他統統自己來。但當學校規模逐漸擴大時，唐富美自己也消化不了。

她找來中興大學 EMBA 研究所的教授進來帶領主管開讀書會、上課，之後又新增總務長一職，統整各校的財務、總務，逐漸把行政、管理、總務、財務等工作分工放手給各相關主管後，才逐漸度過這段陣痛期。

這套運作成熟的教育訓練體制成了最佳的後勤補給，讓四季藝術有源源不斷的新血支撐起整個組織蓬勃擴張。

高薪能吸引好人才，接著還需仰賴各式各樣的教育訓練，
確保同仁都能跟上腳步。

因為被愛，所以更懂得愛人

教學需要滿滿的熱情與能量，一個願意幫孩子創造學習機會的
老師，對孩子是多麼重要！而孩子也會以豐富的創造力，回應
他們的感受和學習。

四季藝術鼓勵老師自發性的開啟各種課程活動和教學形式，當
身邊的教學夥伴都能積極創新，帶領孩子突破和學習，彼此就
會互相激勵、相互感染教學的熱情。這樣的教學歷程不只可以
帶領孩子開啟更寬廣的視界，無形中也成就了老師的自我實現
夢想。

老師們，尤其是新手老師難免需要有人幫忙輔導，四季藝術很早就有教學主任擔綱此職，只是主任們雖然都是幼教老師升上來的，時間久了多少失去手感，輔導上無法兼顧許多細節。而且主任還有行政管理工作，要照顧全部老師的教學也有困難。

黎明校園長白佳婷表示：「既然把課程發展好是所有老師的期望，那我們應該要滿足這個期望。」學校幾經思考，2013年起決定在幼教老師和教學主任中間，拉出另一個全新職務，也就是「巡迴輔導老師」。

巡輔制度，教師成長新策略

什麼是幼兒園的巡迴輔導老師？乍聽之下，會跟特殊教育巡迴輔導教師的印象重疊，兩者的確有著相似的功能，都是與不同班級老師合作，共同思考如何解決並改善老師、家長、孩子的問題。

四季的巡輔老師從資深教師中拔擢，必須通過學校各方面的評估。不帶班，有儲備主管的性質在，透過示範、支援、提供策略和資源、分享與討論等方式，幫助班級解決困難，協助新進教師及早熟悉教學現場。學校也會加強巡輔老師相關技巧，知道該如何與各班老師溝通、給予資訊。「例如我們怎麼聽出冰山以下的訊息？」前市政校幼教部教學主管，目前任職媒體創意處的張宛婷表示。有時老師敘述狀況只停留在表層、或是埋怨，但埋怨到最後面談可能沒有結果。教育訓練會教巡輔教師慢慢切入，聽到老師說話背後的意義。

四季的巡輔老師幫助班級解決困難，
協助新進教師及早熟悉教學現場。

除了輔導老師的工作，巡輔還需執行各種專案，如黎明校幼教部教學主管詹心儀擔任巡輔時，執行過「績優園所」專案，蒐集資料送件參加教育部的績優園所比賽，一點一滴累積行政經驗。

遇到有班級老師需要請天數長的產假時，長期駐班的巡輔老師可以隨時進班支援，持續落實課室的經營管理，維持一致的教學成效。

親師溝通則是巡輔另一項重點工作。新老師年紀輕、剛畢業，遇到家長容易膽怯，較常有親師溝通問題；有的老師則是個性和家長互動比較冷，明明家長有話想說，卻總是點點頭就過去了。註冊組或搭班老師發現狀況反應後，教學主管會視情況派巡輔協助。

黎明校幼教部教學主管詹心儀擔任巡輔時，會在輔導前先找一天到班上觀察，同時和家長打招呼，「家長會進來就是上班前，或是下班來接，還有中午或者其他電訪時間。」聯絡單上頭會寫給家長一些教學想法、每週的話，這幾個模式的執行狀況也要先行了解。接著找時間主動和家長分享孩子的學習狀況，將溝通技巧示範給老師看。

另一方面,她也要找出親師溝通不順的原因,可能是沒看見孩子的狀況,或是看見了但不知怎麼說。沒看見就要教她怎麼去看見,不知怎麼說的話,他們會找幾個特定課程沙盤推演,先讓老師把要跟家長說的話說一次。有時詹心儀會建議,「很好啊,你這是很好的美意,但要不要換個方式說,會感覺聽起來怎麼樣……這就是說話的學問。」調整幾個溝通策略、說話技巧後,再讓老師真正面對家長,她在旁邊視狀況補充。

在職場上,通常有人在旁盯著,做事的人總備感壓力,四季藝術的巡輔老師多少有這種意味,但運作四、五年下來,整個制度卻益發流暢,主動申請的老師愈來愈多。「巡輔進班之後,你有一些問題被解決了,大家感覺到巡輔是幫助而不是挑剔,會口耳相傳。」詹心儀解釋。以往四季藝術培養老師發展課程約莫需要四五年、甚至七八年的時間,但現在只要一兩年,很多新老師的課程就發展得不錯了。巡輔制度顯然功不可沒。

每學期,學校會從各班課程進行選拔,將發展成熟的方案課程列為「典範課程」。為鼓勵老師精益求精,又從「典範課程」中,將表現最優異的列為「特優典範課程」,不但納入教育訓練內容,校內所有老師都要觀摩,也會發表在校內專刊上。年度會議時,還可成為「特優教師」接受表揚。儘管拿到「典範課程」已經夠好了,同樣有機會成為「特優教師」,但幾乎每位幼教老師都將「特優典範課程」列為最高生涯目標。

四季藝術向來用人唯才,只要有能力,不分年紀、資歷都有機會獲得拔擢。黎明

校園長白佳婷最早接任大墩校所長時才大學畢業沒多久，剛到學校兩年。西屯校幼教部教學主管哈曉如不到三十歲，到學校三年就當上此職。問起唐富美怎麼讓大家心服口服？「分享很重要！你愈能分享，對大家的幫助和貢獻愈大，大家也就會愈了解你的專業，人才要上來，一定要禁得起公信。」有機會擔任主管的老師除了做好自己的事，要能夠照顧別人、協助別人，獲得其他老師的認同，升任主管後，管理自然較易上手。

校方非常重視老師在各項任務的表現，從中觀察各個老師的領導力。年度特優教師的評選中，獲得優等課程的老師，只要在各項活動表現優異，同樣可以得到最佳貢獻獎的最高肯定。

教授進校輔導，協助發展方案課程

為了協助老師發展方案課程，唐富美想盡辦法，其中一項就是直接到大學找教授輔導。這項做法從創校持續至今，讓四季藝術成為諸多學術思維的實踐場域。

黎明校園長白佳婷 1998 年進四季時，就接受過教授輔導。那時老師每個月輪流接受輔導，學校在教室架設錄影機，事後教授帶著大家看錄影，一一檢討老師在教學各面向的改進之道。教授也會要老師們把自己的錄影帶拿回家看一次，從師生之間的問答做省思。有時上課會發生一些問題，回頭看錄影時，會更清楚原因何在。

新竹清華大學教授詹文娟在四季藝術輔導十幾年，第一次接觸是她帶學生參訪學校，創辦人唐富美和學生分享幼教理念、經營幼兒園的想法、幼教老師的責任等，因為理念相近，唐富美找詹文娟來辦讀書會，接著就一路輔導至今，不曾間斷。輔導的範圍相當全面，從情境素材該放什麼、怎麼提供小孩鷹架、怎麼看見小孩探究的脈絡、怎麼支持小孩進一步追問都包羅在內。

一開始詹文娟從課程模式著手，每月至少到學校一次，和老師們探究如何發展出讓幼兒更自主的課程。起初她會把看到的每個狀況、想法、建議都說出來，但訊息太多，老師難以執行。

後來，四季改變策略，主管先視各班狀況或老師意願指派一兩班接受輔導。輔導當天，教授、主管們先討論清楚該班狀況、需求、當日輔導重點，接著進班觀課四十分鐘左右。離開教室，大家討論看到的狀況與問題，未來有哪些可能的方向或做法，下午再找老師出來，由主管將上午的狀況和老師討論，詹文娟在一旁補充。這個做法在輔導老師之餘，也訓練主管具備更專業的輔導職能，幫助第一線的幼教老師。

打造學習型組織

每當新的學期將近，幼兒園老師常常要獨自為接下來的課程傷透腦筋，該怎麼幫助孩子適應學校生活？課程的核心目標是什麼？新的課程要準備哪些教具、教材？教室情境如何布置才好？可以引領孩子往哪一個方向探索？這些問題不斷在每個階段困擾著教學現場的老師。

如同教育觀念的不斷革新與改變，當教學重點轉變成「學習機會」的提供者，老師們需要的不再只是課程的學習和教學技巧的訓練。當教室組織變成教師與孩子們的共同學習團隊時，學校必須學習建立教師的對話團隊，透過相互學習、彼此激勵，以群體合作的方式建立綿密的支持系統。

在四季藝術，組織的存在目的是讓平凡的老師變得不平凡。隨著「班群」的成立，老師們不用再孤軍奮戰，班級遇到的問題也能找到最好的解決窗口，保有對工作的熱忱。

班群的採行讓班級與班級之間連結在一起，可以透過互相扶持、分享，減輕教師身體和心理的負擔，並增加彼此的交流，展現各自專長、匯集各方資源，藉以豐富教學的內容。教師扮演的角色相當多元，不僅是教學者、引領者，也是一名學習者。尤其幼兒園的老師身處在一個時常要面對不同挑戰、變化度比較高的教育環境，過程中或許會碰到心有餘而力不足的情形，如果能集結更多人的經驗及能力，將有助於提升教師的教學效能，達到教學相長的目標。

藉著大團體到小團隊的連結，打破傳統教學型態的藩籬，引入學習型組織的觀點，一步步推動有彈性、具規劃的班群制度，全心全意幫助所有老師在專業知能、班級經營、概念探索等方面都有所成長，建立緊密和諧的夥伴關係，營造接納與支持的環境，使每個老師擁有歸屬感，也透過團體的通力合作，讓老師們深刻體會到，自己的背後存在許多雙強而有力的手，給予最多的支持，以及面對困難的力量。

四季藝術的班群運作並不是一開始就是目前的樣貌。大約四、五年前，班群才真正被賦予不同的意義跟任務。其中，「尋找教練」為開啟現在班群運行方式的最

大契機，讓每位「教練」（資深老師或擁有不同領域專長的學長姐）帶領著球隊（教師群）共同成長。

每位教師各自擁有相異的長處與優勢，有些老師對於課程走向的敏銳度高，有些則擅長教具的製作，班群塑造了一個展現這些能力的場域，讓老師的潛能被發掘，也讓老師吸收多元角度的看法。但是，班群的優點不只這些，它的形成架構出優質的教師同儕團體，教師們藉著彼此合作、關懷、切磋，精進了教育的專業知識，也衍生出其他豐厚的內涵。使有限的人力獲得充分的發揮，加速資源的整合，減少時間與力氣的消耗。

班群的運作有一個相當重要的核心，即「班群領導者」，領導者的領導方式、風格都影響著班群的氛圍，班群是否能順利活動，領導人無疑扮演著舉足輕重的角色。而團體的領導者具有建立與維繫團體，凝聚團體彼此關係，以及帶領團體朝向既定目標的功能。

為了達成上述功能，概念清晰、具有統籌能力、教學經驗充足都是班群領導人的主要選擇條件。除此之外，因為教學主管最熟知老師的狀況，所以班群的領導人教學主管選出，並按照現況與不同的目的做調整。通常會由資深的老師擔任領導者，他們對於四季藝術的了解，以及教學核心目標的熟悉，能帶給班群內部互動和討論流暢性正向的幫助。

班群的另一項任務則在於培訓不同性質的領導人。帶領班群的歷程中，逐漸累加的經驗，能提升班群領導者的能力。在領導者找到堅定、合適的帶領方式之前，先安排教學主管進入班群的會議，就可以知道這些班群領導者面對的困難，以及無法走到預設目標的原因，便於立即供給實質的協助。

之前有過共同備課的經驗，所以老師們大致了解其他班級的主題課程方向，或是預想的活動內容，課程開始之後，平時可以互相詢問或是分享帶班的心得，不用再刻意聚集群組召開會議，群組的性質轉變成可動性高的形式。隔壁或是鄰近的班級，其實就是班群的一份子，或者有相同主題方向的班級，也會自然而然成為班群，透過互惠互助的方式，讓各班級間的連繫更為緊密。

「你不是一個人，我們是一個團隊，」每當遇到挑戰的時候，市政校的新任教學主管邱冠意腦海中總是跑出創辦人唐富美說過的這句話，讓她相信自己的價值，更相信團隊的力量。

跟隨主題課程的推進，等待孩子的探索焦點確定，原本教學籌備的班群將被重構，同樣主題方向的班級會集結為新班群，孩子與老師經常主動跟新班群內的班級進行交流。例如，班級知道哪裡是不錯的戶外教學參觀地點，就能推薦給同樣聚焦在某一個探究方向的班級。學校也會了解課程發展的情形，整理好各班的問題，讓主題相近的班級以 Line 群組等方式交流，之後就會收到來自各方的意見，切入問題的核心。

如此，教師才能在日復一日、辛勤努力的教學工作中，學習彼此分享教學的樂趣，並且持續自己的教育熱情，而學校也才能真正變成孩子們學習與遊戲的祕密花園。

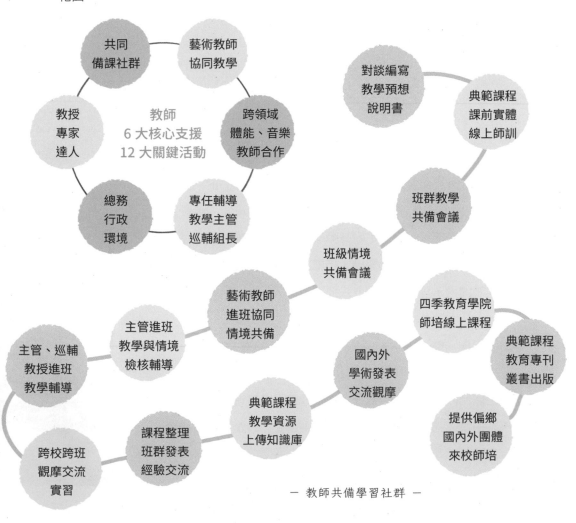

— 教師共備學習社群 —

聰明工作，快樂生活

身處於常被外界認為是「工時長、薪水少、事情多」的幼教產業，四季在 2018 年底，又拿下一項難能可貴的肯定：勞動部的「勞動典範獎」。園所不斷鼓勵善用科技，提前規劃，甚至大膽進行「下班時間自動關機」措施，讓同事開始思考：如何在有限時間內，以有效率的方式進行工作。

「聰明工作」的另一展現，則是反映在「妥適的專業」分工上。

不論是體制內外的各級教育機構，行政幾乎是所有老師避之唯恐不及的事，工作繁瑣付出又難以獲得重視。四季藝術透過專業分工，讓老師真的只要專注教學就好，各個分工的專業價值也得以體現。因此，這裡有好多其他學校看不到的職務。

其中以教學行政最具代表性，因為他們都是從現場老師升上來的。早期著重行政類工作，諸如教具與圖書的建檔管理、攝影協助等；近來更納入教育訓練、班級課表、行事曆等工作，使得這個角色就像樂團中的指揮般重要。

行事曆看似小事，但四季藝術有五個分校，隨時需要分工合作、跨校協調，行事曆擬得好不好，成了校務運作是否順暢的關鍵。

教學、行政分開，讓老師專注在孩子身上

「行事曆擬得好，才有辦法工作減量。」西屯校幼教部教學行政徐寧君表示，每年各項大型活動的時間會先排出來，例如幼教部固定 4 月最後一週排定年度公演、國小部 12 月舉辦美語嘉年華、12 月底各校有聖誕節系列活動、12 月初是入學說明會。時間確定了，各項活動要預排籌備時程，例如前一週、前兩週、前一個月、前兩個月要做什麼，發配給各個部門進行。年度公演牽涉到各班主題教學，行事曆出來老師才能做班務規劃，連入學說明會都得提早半年準備。有些新人、新主管對行政事務還不太熟的話，只要看著行事曆就知道接下來該做什麼，搭配各項工作說明書還是可以順利完成任務。

早期許多老師反映會議量太多，有時幾乎每天都開會，教學行政力圖減量。主要會議全數訂出頻率表，跨校園長三個星期開一次會，跨校主管一個月碰一次面，

各校教學籌備會議每個月兩天，全部排在週一與週三中午。教育訓練也是一樣，國小部儘量排在星期二，因為這個時段小孩讀整天，老師能有較完整的空檔。

門口導護與隨車老師，是另一個從帶班老師切割出來的職務。早年由各班老師輪流擔任。導護早上七點十五分到校，隨車老師下午四點半開始出去跑，回到學校大概六點半，還得把自己教室整理完才能下班。後來唐富美覺得這樣不好，「老師最重要的工作就是在教室裡陪孩子一起學習。」現在門口導護與隨車老師另聘專人負責，老師可以從早到晚待在教室。由於上班時間只有上下學短短幾個小時，這個職務深受家庭主婦歡迎，甚至有學生的阿嬤跑來應徵。

「我們學校不只老師教學口碑非常好，行政的口碑也非常好，兩者一定是對等的；否則光教學好，行政能力不好也是沒有用的。」總務長楊彭琳解釋，老師的眾多後盾中，不可或缺的還有註冊、總務與人才發展部門。註冊是跟家長接觸的第一線，負責招生收費、學務與家長服務溝通等等工作；其他舉凡教具購買、保全設施、司機接送、廚房餐點、清潔校護、甚至蓋新校舍，全部都是總務同仁打理。四季還有全世界幼兒園獨一無二的人才發展部門，負責人事系統、福利薪資與人才培訓與發展。註冊、總務、人發與教學同事，共同構成校務運作的四大環節，也是讓老師安心教學的最堅強夥伴。

e 化讓校務運作更容易

創辦人的積極態度，讓四季藝術的行政管理總是走在運用科技的前端。很多事情老師還沒想到、主管還沒想到，唐富美就已經想到了。

為了讓整個組織運作更有效率，e 化是重要策略，學校這幾年力推雲端辦公室，行政、管理事宜都因 e 化而大幅改善。例如以前受訓，行政端要一個個打電話或寄電子郵件通知，上完課就結束了，現在行政只要上系統把課開好，系統會直接寄發信件，上完課還有問卷填寫。老師的上課時數、教學反映都直接由系統統計，一目了然，讓跨校區資源隨時可以共享，並在第一時間掌握最新資訊，以便進行整合。

雲端辦公室還有人事專區，主管談聘時，按個快捷鍵，薪資標準、相關表單都在裡頭。各個老師的評核在雲端同樣看得到，主管把資料叫出來，如果發現某位老師的能力一直在標準以下、或是任何資料，如電訪表、週誌忘記繳交，即可關懷提醒。目前四季藝術有五個分校，雲端辦公室非常有利跨校行政作業。以前紙本文件要各個分校追著主管跑，現在手機簽核即可，紀錄都留在雲端。市政校教學主管陳萱表示：「雲端辦公室讓我們工作更便利、更有彈性，不像以前一定要在學校裡面完成。現在對我而言，只要有一台電腦，好像到哪裡都可以工作。」

系統蒐集所有資料、包含數據，如招生名額、滿意度調查等等，使得主管做決策

時有了具體的數據參考。總管理處處長張廖心淑舉例，「以前年度會議，我會說之前達成了什麼、做了什麼，然後明年我要做什麼，可是現在我們很清楚今年培育了多少老師升任主管，下一年要提升多少現場老師晉升，我們可以數據化的，現場老師會更清楚這樣的目標。」

這兩年來網站改版，則讓現場老師充分感受到「聰明工作」的效益。聯絡簿、評量全部上線發布即可，不需手寫，同樣的內容轉到教學週誌，後頭再補個「省思」就好。

負責網站建置的媒體創意中心主管張美玉表示：「做了這個之後，發現我們也為地球做了很多事情，少印超多紙的。」以前光是聯絡本、評量、每週課程內容、各式公告加起來，每個小孩一個學期大概要印上百張紙，全校加起來相當可觀，回收統計起來更是耗時。四季開始思考怎麼樣可讓工作減量，又兼顧節能減碳。隨著智慧型手機的普及，無紙化辦公室的理想更易被落實，溝通訊息能夠立即讓家長收到，Google 問卷更方便整理與回收，大大減少了工作的時間。

網站還有許多新功能，諸如線上請假、線上問卷、課程紀錄、班級花絮。現在家長要幫孩子請假根本不用打電話，直接利用手機 App 傳個訊息，老師就收到了。總務系統也更方便，老師校外教學預約娃娃車，上線填好時間地點，時間到了準時出門就有車子可坐。所有教具也是一樣，上網填好清單，主管確認之後總務就會準備好送過去，差不多快跟購物網站一樣便利了。

「這幾年的新老師進步很快，你只要把資源蒐集好給他們學習，他們吸收 e 化的東西比以前來得快。」總管理處處長張廖心淑回憶，以前發展課程，一個主題可能就一本小冊子，其他的，老師必須自己花很多時間找資料、資源。近幾年四季藝術致力朝 e 化發展，每個主題都有「easy 包」，把這個主題的特優典範課程、教案、相關說明書、專刊報導、情境照片、學習區照片、影音紀錄全部整理好放到網路，老師們有空時上去看看，就能夠快速掌握要領。

此外，四季藝術的教育訓練系統還針對不同職務的夥伴建立個人專屬的教育訓練課程內容。透過這樣的訓練平台，讓每一位夥伴可以了解自己在四季藝術的職涯中，有哪些是需要增加的職能、已經具備的職能，也讓主管們可以掌握自己部門夥伴的教育訓練狀態，從中看出有職能落差的夥伴可以透過什麼樣的課程來補足落差。

在這股不斷創新、持續改善的文化影響下，連校園裡的司機叔叔也在自己的崗位中持續精進專業能力，2019 年又研究製作出了自動滴灌系統、橫批布幕滑輪升降、進化版的燈箱等等。透過校際的分享，將這樣的資源擴展到跨校皆能運行，幫助孩子完成更多的探索學習。

善用工具，讓典範快速擴散

「師徒制跟不上我們的發展，典範擴散速度太慢，」唐富美說，學校每年有許多

目標，例如教學上要求均質化，教學品質不因老師年資而有差異，新人進來必須用最短的時間學習。學校接下來將持續開拓分校，人才培育必須更快速才來得及支應。因此學校必須提升自我，讓同仁有更好的工作環境。唐富美近年力推「聰明工作」，希望減少老師的工作量與工作時間，事情早點做完準時下班。

為了達到這個目標，2010 年起，唐富美成立幼兒園少見的人才發展部門，專責整個體系人力資源的「選、育、用、留」。2016 年更成立總管理處，將各個跨校性事宜統合成為各個學校通用的模組，往後新學校成立時，各項事務運作直接套用即可。

面對未來幾年的擴校計畫，校方也仰賴 e 化系統建立標準化模組。四季藝術目前有五個分校，每個分校的運作大同小異，但這個「小異」卻可能讓跨校運作卡卡的。例如公演，當四個學校的籌備方式或標準不同，唐富美到每個分校開會給建議時，許多細節都有問題。

2018 年起總管理處先從公演著手，制定公演籌備的標準化作業模組，將每個學校的資料重新彙整後，以後大家都照著這樣的架構做。以分鏡圖為例，就有一個工作說明書，後續還有個自我檢核表，確認老師每個細項完成了嗎？了解了嗎？檢核完了才畫分鏡圖。「否則若每個老師都要主管口頭告知這裡少了某項資料、那裡沒有計算時間……主管的時間真的都花在這裡，」張廖心淑解釋四季如何透過模組化作業以簡御繁，提升組織效益。

「能用系統做的，就不要用人來做，」唐富美經常跟主管提醒這個原則，因為聰明工作省下來的時間，能讓教職員花在更重要的事情上。譬如：主管可以思考學校未來發展，老師更能陪在孩子身邊；更重要的，早點回家，把生活的餘裕和重要的人分享。

被愛的老師，也會愛孩子

因應整個社會價值觀的變遷，以及幼托整合後優良幼教師資減少的問題。這幾年，四季持續大幅度的提高工作夥伴的薪資與福利，讓四季藝術的教師們除了有機健康的工作環境、豐富的教學資源、專職協助的教學主管和專業教學的協同教育工作夥伴外，還有比台灣公立幼兒園更高的薪資和福利，當然，因為有了人才發展部門，人才培育的速度更快，讓每位新夥伴都可以很快成為好夥伴，也是對老師們最好的幫助。

為了感謝全體教職員的努力與付出，留下最珍貴的人才，校方也透過有系統的教師評核制度，將盈餘釋出，讓所有教職員共享紅利，提升生活品質。四季藝術更鼓勵教師就讀研究所進修成長，不只績優教師就讀幼教相關研究所可以獲得八成的獎學金補助；連高階主管就讀 EMBA 的高額學費，學校依然提供八成的獎學金補助。

種種的努力讓四季藝術幼兒園在 2012 年榮獲「台中市樂活職場優良事業單位二星獎」，被評為不只是台中市幼兒園的楷模，同時是台中市中小企業的楷模。四季希望吸引最優質的教師，也讓在教育現場第一線辛苦照顧孩子、帶領孩子學習成長的教師們，得以在教育現場得到真正安身立命的機會。

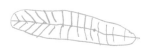

改變台灣的未來 ╱

2018 年，黃睦迪二十六歲了，他是唐富美的大兒子，四季藝術的一號校友。國中畢業即赴美求學，目前在加州柏克萊念研究所。學校滿二十週年時，他曾幫忙訪談多位校友，談起大家有何共通特質，「自主性和領導力吧。」

他不覺得有什麼課程特別訓練這種能力，而是學校的日常生活處處都是訓練。黃睦迪現在還記得以前上的藝術課，「像是陶土一直站不起來，要去想怎麼站起來，可能用很粗的陶土放在底下、或是找鐵絲、木頭等其他素材支撐。」在這裡隨時要思考各個問題怎麼解決、或者怎麼和不同的人一起解決，

這些能力伴隨他們長大，不管念書、出國、就業，隨時派得上用場。

黃睦迪高中、大學都參加社團或學會，在裡頭擔任社長或會長，訪問的畢業校友中，多數人都有類似經歷。他大學在紐約時，曾和朋友一同為台灣旅美藝術家、設計師辦展覽，過程需要許多當地資源，遇到問題得自己找出解決方法，「那種自主性是在四季藝術被培養的。」校友出路廣泛，設計、藝術、建築相關領域之外，也有好幾位選擇從醫。「我覺得可能是藝術上的啟蒙，對生命有種感受，所以覺得幫助人的工作也滿有意義的。」

像大學一樣的幼兒園

了解四季藝術教育多年，逢甲大學建築
專業學院院長黎淑婷表示：「你會發現
幼兒園和大學在做同樣的事情，他們發
掘問題、分析問題、提出解決方案的過
程，就像我們做田野調查，只是問題的
複雜度和解決方式不同。」

先後任教於美國與澳洲，她觀察台灣與
這兩地學生最大差異，在於創意及主動
性，「這兩點台灣小孩再厲害也是沒辦
法，我們心目中教育的 DNA 是很大包
袱。」以設計領域來看，她認為學生進
大學才念設計太晚了，如果孩子可以在

更小的年紀培養出發掘問題、解決問題
的能力，對社會各個環節有更多觸動，
到大學培養出來的能力會更強，也才能
進一步提高台灣的設計競爭力。

2017 年四季藝術兒童教育展後，看到
無數扎實的教學成果，台北市立大學副
教授兼幼兒教育學系主任幸曼玲忍不住
向唐富美喊話：「有個不情之請：妳可
能要跟瑞吉歐一樣設立教師培訓中心
了。如果我們有更多老師是穩定的，知
道如何進行課程，那我們的孩子更能夠
受惠。」

從創立之始，唐富美就積極分享教學理

念與做法，「起初是因為我覺得有很多家長不夠清楚我們在做什麼，想要把課程記錄下來。」創校隔年成立雜誌社，之後轉為四季文化出版，每年出版兩本專書、三本專刊，深獲幼教相關科系教授、老師歡迎。中國一胎化解禁後，包含香港、澳門、大陸等地來了不少參訪團，求知若渴，看到專書都是整套買走。儘管出版品專業又小眾，從未賺錢，但如今回頭看，台灣這二十幾年來幼兒教育的諸多點滴都留在上頭了。

積極分享，擴大影響力

身為台灣方案教學的領頭羊，1999 年

起，四季藝術持續受邀到海內外各大專院校、教育論壇、研討會進行課程成果與研究發表。黎明校園長白佳婷還記得第一次對外發表課程「車車工廠」的情形，「學術研討會都是很大的場子，裡面有學生、教授、研究生，不知道哪來的膽子站在前面講，有的教授很犀利，有的很鼓勵。」時至今日，四季藝術不僅是學術研討會的常客，更經常以企業導師身分，由資深老師到各大專院校授課。2017 年開始，唐富美也親自上陣，以兼任助理教授身分到亞洲大學幼教系、朝陽大學師培中心授課。

她解釋積極推廣的原因：「方案教學對

孩子的學習、解決問題的能力有非常大的幫助。孩子可以獨立思考、一起合作，一起蒐集資源，一起解決問題，而且在這個歷程裡，他們真的覺得可以讓自己的夢想成真。我們希望大家覺得這個教育太棒了，大家一起拋開簿本、拋開填鴨、一起來做。」

為了吸引更多幼教工作者，四季藝術教育基金會成立後另一項重點工作就是教育推廣，每年寒暑假都會舉辦「幼兒園／國民小學藝術教育推廣研習」，開放給各縣市幼兒園、國小教師參加，偏鄉老師提供一定名額免費參加，研習結束後並贈送藝術創作材料，方便老師帶回

去用於接下來一年的教學活動中。近年來知道消息的老師愈來愈多，活動經常一發布就額滿，最近一次還有老師遠從屏東、台東過來。實習老師則是另一批種子，在這邊接受的教育訓練和正職老師一樣，唐富美認為他們之後雖然不會全部留下來，「可是我們的做法、觀念會跟著他們帶到其他園所去，一定會產生影響。」

逢甲大學董事長高承恕正是唐富美EMBA碩士論文的指導教授，不只自己到校走訪，還帶了逢甲許多高階主管一起來，「教育最核心的是對學生的關懷，在我看，四季辦得好是基於這種力

量，很多企業都求大、求量，但是大小並不是最重要的，系統跟氛圍才是關鍵。」

唐富美無疑是帶動這個氣氛的核心。在高承恕眼中，這個學生寬柔並濟，嚴格起來很嚴格，「因為她對自己要求很嚴格。」上課從不遲到早退，永遠坐在第一排，論文改到他直呼，「再寫下去要變博士論文了。」照樣自己對著電腦一直改。

十年前接受花蓮教育大學碩士生彭慧玲訪談聊到未來規劃時，唐富美曾說：「我們沒有力氣做別的事了。大陸好遠，玩一玩可以啦！新竹也很遠，十年之內應該都不會，十年之後我年紀太大了⋯⋯」

十年過去了，她還神采奕奕在崗位上毫不懈怠。覺得很遠的大陸市場，人不去，出版品可以賣過去。2019 年還開放大陸教育界帶著教師、政府官員來師培中心受訓，大班幼兒也能來遊學。很遠的新竹，計畫設分校。儘管年紀又多了幾歲，她的雄心壯志更甚以往，教學上不停輔導、給予資源；組織上持續栽培人才，幾乎每個部門都要擴編；校舍持續翻新，可以有歷史、不能有老態。一切精益求精在於她有了更遠大的目

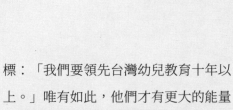

標：「我們要領先台灣幼兒教育十年以
上。」唯有如此，他們才有更大的能量
改善台灣的幼教環境、改變台灣。

當初受訪的一段話，或許可以理解這番
無窮精力從何而來：「我覺得我有天命，
我來世界上是要做最有意義的事情，不
達目的絕不終止。你不知道自己是不是
明天就不在了，所以要做最想做的事
情。重點是你能不能夠讓人家懷念：因
為你，這個世界、或是你的身邊因此變
得不一樣。」唐富美及四季藝術老師們
二十多年來的努力，確是如此。

學習與教育 208

看見四季

玩藝術 · 品美學 · 動手解決問題　四季藝術幼兒園的教育創新之路

作者	唐富美＆四季藝術教育機構團隊	天下雜誌群創辦人	殷允芃
書寫	李政青	董事長兼執行長	何琦瑜
責任編輯	王慧雲、李佩芬	媒體產品事業群	
編輯協力	王詠慧、張美玉、陳子揚	總經理	游玉雪
校對	魏秋綢、林冠妤	總監	李佩芬
書籍設計	拾蒔生活工作室	版權主任	何晨瑋、黃微真
行銷企劃	林育菁		

出版者　親子天下股份有限公司

地址｜台北市 104 建國北路一段 96 號 4 樓

電話｜（02）2509-2800 傳真｜（02）2509-2462

網址｜www.parenting.com.tw

讀者服務專線｜（02）2662-0332 週一～週五：09:00~17:30

讀者服務傳真｜（02）2662-6048 客服信箱｜parenting@cw.com.tw

法律顧問	台英國際商務法律事務所 · 羅明通律師
製版印刷	中原造像股份有限公司
總經銷	大和圖書有限公司 電話：（02）8990-2588
出版日期	2019 年 9 月第一版第一次印行
	2022 年 9 月第一版第五次印行
定　價	460 元
書　號	BKEE0208P
ISBN	978-957-503-488-7

訂購服務 ————————————

親子天下 Shopping｜shopping.parenting.com.tw

海外 · 大量訂購｜parenting @ cw.com.tw

書香花園｜台北市建國北路二段 6 巷 11 號 電話 (02) 2506-1635

劃撥帳號｜50331356 親子天下股份有限公司

立即購買 >

看見四季：玩藝術、品美學、動手解決問題，四季藝術幼兒園的教育創新之路 / 唐富美，四季藝術教育機構團隊作 . -- 第一版 . -- 臺北市：親子天下，2019.09
256 面；17×21 公分 . -- (學習教育系列；208)
ISBN 978-957-503-488-7(平裝)
1. 幼兒教育　2. 藝術教育　3. 教學方案
523.2　　　　　　　　　　108013498